はじめて株式評価を行う税理士のための

非上場株式の評価に係る資料の収集と分析

税理士 木村英幸 著

税務経理協会

はしがき

非上場株式の評価は、平成30年度の法人版事業承継税制の拡充によりより身近な存在になりました。今までのように資産税専門の税理士が非上場株式の評価を行うだけでなく、今後は法人税を専門に取り扱う顧問税理士にとっても、評価についての相談を受ける機会がさらに増加します。また、近年事業承継ニーズが高まっていることもあり、法人顧問業務に加えて事業承継対策を行っていくうえでも、法人顧問業務とあわせてアドバイスが必要になってきます。

非上場株式の評価に関しては、まずは法人税等の申告書をベースに作業を進めることになりますので、相続税の資料収集とは異なり、ある程度のベースがあります。相続税の申告の場合には、被相続人はすでに亡くなっていますのでその財産を本人に確認することはできませんが、非上場株式の場合、会社の経理担当者がいれば資料収集はスムーズに進みます。また、会社所有の資産負債を法人税法上の評価額から相続税評価額に再評価するという手続きとなりますので、相続税の資料収集と重なる部分も多数あります。そのため、ある程度のコツをつかめばそこまで難しくはありません。

また、一度その会社の評価を行ってしまえば、その後は評価額の更新をしていくだけになりますので、時間をかけずに評価することができます。

しかし、はじめて評価を行う場合には、どのような資料を集収すればよいか、資料のどの部分を確認すればよいか判断が難しく一苦労です。

本書においては、非上場株式の資料収集の入門書として、原則的な評価方法からその評価にあたって必要な資料の収集、特に、評価に重要な影響を及ぼす不動産の資料収集や分析を中心に解説しています。その一方、特殊な評価方法などについては基本的には触れていません。

本書が、今まで非上場株式の評価を行ったことがない税理士やこれから評価を行ってみようと思う税理士のみならず、会計事務所の職員、会社の経営者、経理担当者など多くの方々の参考になれば幸いです。

最後になりましたが、本書刊行にあたりまして、ご協力いただきました株式会社税務経理協会編集部の中村謙一氏をはじめ、編集部の皆様にこの場を借りて心から感謝申し上げます。

2021年8月

木村英幸

Contents

第1章

非上場株式の評価の必要性

1 非上場株式の特色

非上場株式とは、証券取引所に上場していない会社の株式をいいます。

上場株式であれば証券取引所に上場していますから、市場価格により株式の時価を客観的価値として算定することができます。しかし、我々税理士が関与している会社の多くは、上場などしていない会社です。非上場株式は、市場価格がないため客観的な時価を把握することができません。また、換金性も乏しく自由に換金することは非常に困難です。

非上場株式の評価を行う場合には、相続税の申告業務と同様に、いろいろな資料の収集や会社の状況を把握することからスタートすることとなります。相続税の申告時にお亡くなりになった方の個人財産を評価する場合と同様に、自社にある財産の評価を行い、それが自社株の評価につながると考えるとイメージしやすいでしょう。

会社の社長と話していると、そもそも自社の株式が財産になるということを認識していない方が多く見受けられます。これは、非上場株式を現金化することは非常に困難になるため、自分の財産となるとは考えにくいのでしょう。しかし、実際には上場していない自社株であっても、一定の手続きを行えば他人や他社に売ることもできますし、自社に買ってもらうこともできます（これを自己株式の取得といいます）。また、株主は配当を受けることができますし、清算した場合には会社に残っている財産の分配を受けることも可能です。このように、自社株については、財産価値がないと思われがちですが、実際には財産価値があるため、きちんとした評価が必要になるのです。

実際に評価が必要な場合とは、相続や贈与、M&Aや組織再編を行う場合などですが、相続や贈与時には、「財産評価基本通達」によってその評価額を計算します。

売買する場合には、純然たる第三者間であればまさにその合意した価額が時価となりますので、税務上その価額が問題になることはありません。

しかし、非上場株式の売買は純然たる第三者間で行われることはほとんどありません。一般的にM&Aを行う場合を除いては純然たる第三者に当たらないとされているためです。例えば、取引銀行や従業員などに自社株を売却することがあると思います。この場合、その取引は、純然たる第三者には当たらないのです。そこで、思わぬ課税が生じないように通常は税務上の時価を意識した取引がされるのです。

非上場株式の評価については、相続や贈与、売買にしても常に税務上の評価額を意識しなければならず、最低限知っておかなければならない評価額となります。

2 非上場株式の評価の必要性

オーナー経営者と話していると、自社の株式評価額を把握している人は多くないように感じます。また、顧問税理士に聞いても、貸借対照表上の純資産価額（以下、「簿価純資産価額」といいます）を株価の目安としているケースが数多く見受けられます。確かに、簿価純資産価額は１つの参考数値ですが、歴史の長い会社などは、保有している土地が、過去に取得しているため多額の含み益があるケースや、バブル期に取得しており多額の含み損を抱えているケースもあるため、実際の評価額と大きく乖離している可能性があります。また、株式の評価方法は純資産価額だけでなく、会社の規模に応じて配当、利益、純資産を計算要素とすることも可能です（類似業種比準価額といいます）。この類似業種比準価額では、純資産よりもかなり低くなるケースが多いのが特徴です。

株式の評価を行うケースで多いのは、事業承継を意識したときではないでしょうか。事業承継を意識するということは、ある程度は業績が好調な会社が多いと思います。オーナー経営者が亡くなったら後継者は一体相続税をいくら負担しなければならないのか常に把握しておく必要があります。また、株式の評価額は株価対策を行うことで引き下げることが可能なケースも多いことから、どのような対策を行えば引下げが可能なのか検討しておくことが必要になります。

また、平成30年度税制改正では、「非上場株式の納税猶予の特例制度」が創設され、現在非常に注目を集めています。この制度は、後継者が先代経営者からその会社の株式を贈与や相続で取得した場合、その株式に係る贈与税または相続税の全額を猶予する制度で、一定要件を満たしたときに猶予された税額が全額免除される制度です。非常に魅力的な制度ですが、自社において適用すべきか判断するためには、まずは適正な株式評価が必要となります。

さらに、近年は事業承継対策を、銀行や証券会社などの金融機関をはじめとして不動産会社なども提案しています。主な提案内容は、融資や不動産販売を目的とした株価引下げ対策です。その提案を受けた方がよいのか、それとも別の方法を選択するのか。やはり、まずは適正な自社株評価を行うことが先決です。

自社の株式の評価額と同様に、相続税の試算も行うことが重要です。オーナー経営者は、自社株の評価額だけを考えて相続税を心配する人が多いですが、オーナー経営者自身の財産をきちんと把握し、相続税はいくらくらいになるのか、自社で利用するような事業用財産を持っているかなど、総合的に検討する必要があります。

3 顧問税理士としての立場

税理士としてクライアントの会社の株式を評価する場面はいつでしょうか？

一般的には、社長から後継者に株式を贈与するときや、社長の相続税の試算を行うときなどが考えられます。また、株主が分散している会社などでは少数株主から社長に株式を集約したい場合や親族間で株式を買い戻す場合なども、「いくらで売買すればいい？」などと聞かれることが数多くあります。

ここで重要なのは、我々税理士が評価する自社株は、一般的には財産評価基本通達をベースとした税務評価額であるという点です。つまり、売買などにおいて税務上の時価で取引を行っていれば、課税上は通常の譲渡の課税関係のみで完結することとなります。しかし、必ず税務上の評価額で取引しなければならないものではなく、当事者間での話し合いの価額になるという点に注意が必要です。

また、株式の買取りなどの場合には、税理士として株式の評価額や課税関係をアドバイスするのはもちろんのことですが、非弁行為にならないように注意しなければなりません。

事業承継案件に携わった場合に、顧問税理士からよく言われることは、「その会社の株価を算定していない」ということです。

設立間もない会社であれば、すぐに株価を算定する必要性はないかと思いますが、老舗の会社や高齢のオーナー経営者の会社の場合には、必ず株価算定をしておくべきでしょう。法人の顧問業務をしている場合、納税額や利益計画の決算予測を行っている会計事務所が多いと思います。その際に、株価予測もあわせて行ってみてはいかがでしょうか。株価予測を行うことにより、常にクライアントに相続や事業承継を意識させることができます。一度株価算定をしてしまえば、後は毎年アップデートするだけですので、それほど作業量も多くならないと思います。また、相続があった場合に事前に自社株評価ができていないと、考えもしなかったくらいに株価が高くなってしまい、多額の相続税額を負担しなければならない可能性があります。決算後に相続があった場合、株価はどのようになりその際に相続税がいくらになるのか事前に把握することにより納税資金を確保することができます。

また、決算予測をしたときに、業績の悪化により特定の評価会社に該当してしまう可能性があります。特定の評価会社とは、株式や土地の保有割合が大きい会社や、業績が低迷しているなど一般の評価会社とは異なる会社をいいます。一般の評価会社とは異なる特殊な会社となりますので、その評価額においても一般の評価会社として評価するよりも株価は高くなってしまいます。このような会社に該当しそうな場合であっても、利益対策や配当対策で特定の評価会社に該当しないようにして、一般の評価会社として評価することができれば、相続税の負担を抑えることができます。

なお、株価対策は会社経営に影響を及ぼす可能性もありますので、慎重に検討する必要があります。このように、法人税の視点とは別に、経営上の視点や資産税の視点から決算予測を行うことも重要です。

利益対策を行えば、株価を抑えることができますが、そのような提案がベストなのか常に考えなければなりません。

4 株式の評価方法

非上場会社の株式の税務上の評価方法は、1. 類似業種比準価額方式、2. 純資産価額方式、3. 配当還元方式があり、相続や贈与、売買においてはこの3つの方法を意識して行うことになります。

どの評価方法によるかは、特殊な会社を除き、①株主の属性、②会社の規模（総資産価額、取引価額、従業員数）、③取引内容、④取引相手よって決定されます。

したがって、株式を評価するうえでは、一体何のために評価するのか（どのような取引を行うのか）が非常に重要になってきます。

【自社株の評価方法を決定する要素】

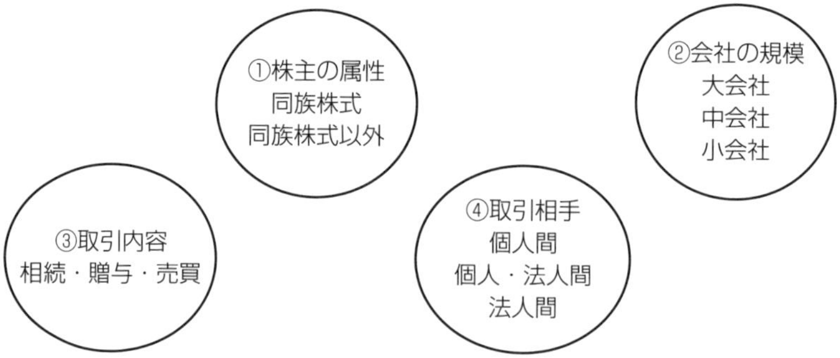

例えば、会社の100% 株主である社長の父から、後継者である子に相続や贈与、売買で株式を移転する場合は、財産評価基本通達に基づいて評価することになります。相続や贈与の場合には、財産評価基本通達により評価するということがわかりやすいのですが、個人間で売買するときもなぜ同じ評価額でいいのかという疑問が生じるかもしれません。本件のように、父から子に売買によって自社の株式を移転する場合には、子はできるだけお金を払いたくないですし、父はお金を受け取ると相続財産になりますので、できるだけ低い価額で取引したいと考えます。そうする

と、税務上の時価よりも低い価額で取引した場合、差額に対しては子は贈与を受けたこととなり、贈与税が課税されることになります。したがって、相続税法上の評価額で売買していれば税務上は問題が生じないことになります。

【個人から個人への自社株承継】

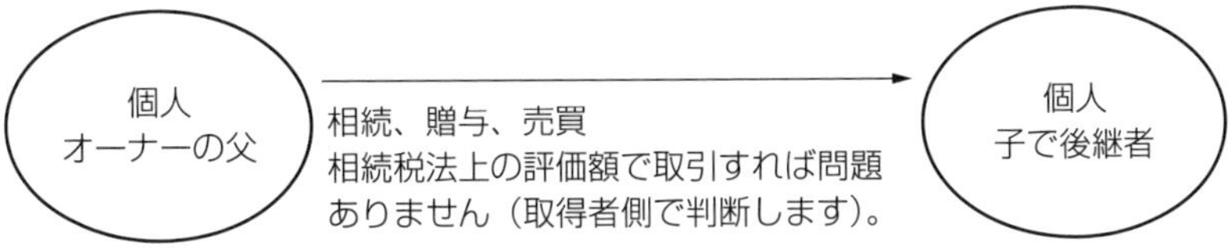

それでは、父が子が100% 出資して設立した法人に売却する場合はどうでしょうか。

この場合は、売主側の個人は所得税法上の時価で評価することとなり、買主側の法人では法人税法上の時価で評価することとなります。

【個人から法人への自社株売買】

売手は所得税法上の評価額、買手は法人税法上の評価額で取引すれば問題ありません
（売手、買手それぞれで判断します）。

最後に法人間ではどうでしょうか。例えば、親子でそれぞれが100% 所有する法人があり、父の会社が所有する子会社の株式を子の会社に売却するようなケースが考えられます。

この場合には、売主・買主ともに法人ですから法人税法上の時価で算定することとなります。

【法人から法人への株式売買】

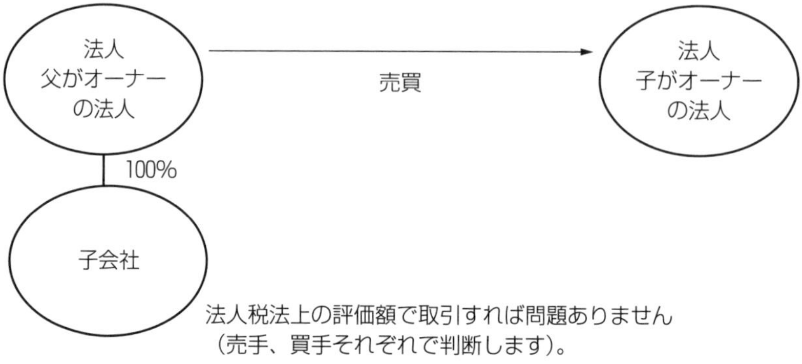

なお、所得税法、法人税法上の評価額は、相続税法上の評価額をベースにして一定の修正を行うのみですので、相続税法上の評価方法を知っていれば、それほど難しくありません。

そこで、本書では、相続税法上の評価において必要な資料について確認していきます。

5 株価算定における準備資料

株価算定においては、さまざまな資料が必要になります。具体的には下記の資料が必要になりますが、会社に依頼して効率的に収集することが重要です。

必要書類	
家系図	□ 家系図
グループ関係図	□ グループ関係図（出資関係図）
決算書等	□ 定款 □ 履歴事項全部証明書 □ 株主名簿 □ 直前３期分の決算書、勘定科目内訳書、固定資産台帳 □ 直前３期分の申告書一式（法人税・地方税・消費税、法人事業概況書） □ 直前期の納税額一覧表 □ 直前期の総勘定元帳一式
土地・建物	□ 固定資産税評価明細書 □ 登記簿謄本 □ 公図 □ 測量図 □ 住宅地図（所在地の確認） □ 使用状況（自用または賃貸、家屋の敷地等） □ 賃貸借契約書の写し □ 土地無償返還の届出書 □ 相当の地代に関する届出書
有価証券	□ 上場有価証券 ・有価証券残高がわかる書類（残高証明書、残高レポート等）
	□ グループ会社 ・グループ会社ごとに同様の資料一式
	□ グループ会社以外の非上場株式・出資 ・現在の保有株式数 ・発行済株式数及び保有比率 ・直前３期分の決算書
ゴルフ会員権・レジャー会員権等	□ 会員権のコピー（名称、種類、口数がわかるもの）
保険	□ 直前期末の生命保険証券、生命保険支払通知書、直前期末時点の解約返戻金証明書

売上高の内訳	□ 直前期の売上高の内容および金額 例：令和○年○月期売上高 運送売上高　　　○○○○円 食料品卸売上高　○○○○円
その他	□ 直前期末以前1年間における従業者数およびパート・アルバイトの労働時間のわかる資料（賃金台帳など）

第2章

株主・会社規模の判定と評価方法の選択に必要な資料

非上場会社の株式の評価のベースとなる財産評価基本通達における評価方法は、次の３つの要素によって決定されます。

①　その株式を取得した株主が同族株主か同族株主以外の株主か
②　その会社の規模
③　その会社が一般の評価会社なのか特定の評価会社に該当するのか

なお、評価方法は、原則的評価方式である「類似業種比準価額方式」、「純資産価額方式」またはその併用方式、特例的評価方式である「配当還元方式」のいずれかによります。

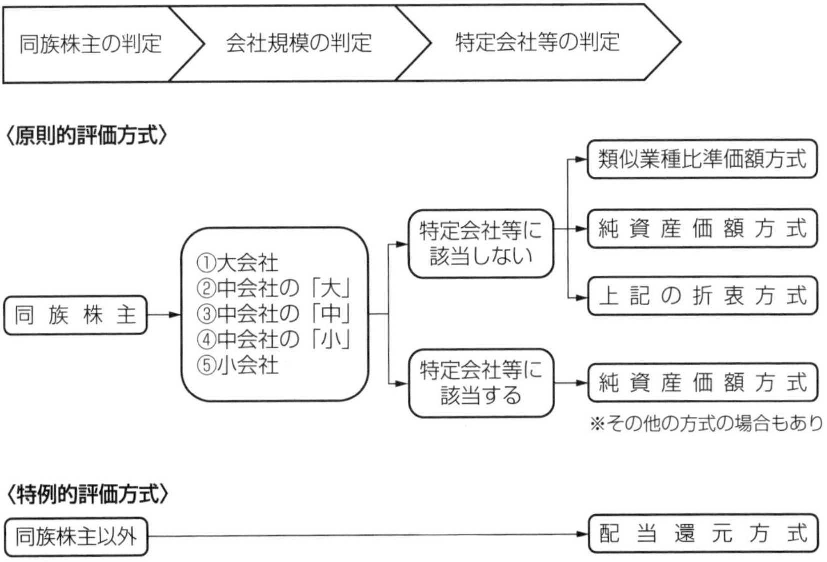

1 同族株主か同族株主以外の株主か

非上場株式の評価については、株式を取得した株主がその会社に与える支配力によってその評価方法が決まります。株主が支配力を持っているのであれば、会社の業績や純資産を反映した原則的評価方式で評価します。一方、支配力がなければ、特例的評価方式である配当還元方式により評価します。

まずは、その株式を取得した株主とその同族関係者のグループでその会社に対する支配力があるかを判定し、次にその株主個人の会社への支配力を判定します。

支配力のある株主グループとは、その会社の議決権を30%以上持っている株主グループで、そのような株主グループ（50％超のグループがある場合には50%超のグループ）がいる会社を「同族株主のいる会社」といい、その株主を同族株主といいます。同族株主は、原則的には会社への支配力があるため原則的評価方式となります。ただし、同族株主であっても、グループとしては支配力は持っているがその株主個人では支配力を持っていないのであれば、特例的評価方式である配当還元方式により評価することが可能です。

同族株主以外の株主は、会社への支配力がないため特例的評価方式である配当還元方式により評価することになります。

このように、評価方式については、その株主個人の会社への支配力によって評価方式が変わってくると考えれば簡単です。

会社への支配力がある…原則的評価方式

会社への支配力がない…特例的評価方式

30% 以上の議決権を持つ株主グループがいないときは、その会社は「同族株主のいない会社」となりますが、上記と同様に最終的にはその株主個人が会社に支配力があるのかで判断します。

つまり、同族株主がいる会社、同族株主がいない会社どちらでも、それぞれの会社で支配力を持っている株主については、原則的評価方法により評価することになるのです。

なお、支配力の判定は議決権により判定するため注意が必要です。

【同族株主がいる会社】

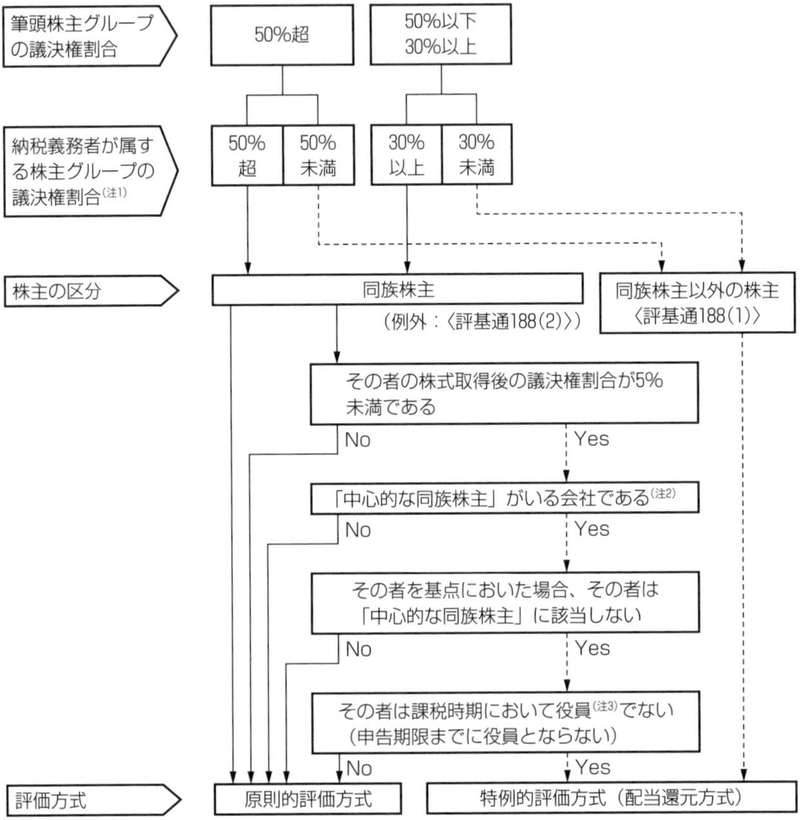

(注1)「株主グループ」とは、本人とその同族関係者をいう。
「同族関係者」とは、親族(民法725条:6親等内の血族、配偶者、3親等内の姻族)その他特殊関係にある個人および法人をいう(法人税法施行令4条)。

(注2)「中心的な同族株主」とは、特定の同族株主の一人を中心においてその一人およびその配偶者・直系血族、兄弟姉妹および1親等の姻族(法人税に定める同族関係者である会社のうち、これらの者の議決権割合が25%以上の会社を含む)の議決権割合が25%以上である場合における、その特定の株主をいう。

(注3)役員=社長、理事長、並びに法人税法施行令71条1項1号・2号および4号に掲げる者

法人税法施行令第71条(使用人兼務役員とされない役員)

法第34条第5項(使用人としての職務を有する役員の意義)に規定する政令で定める役員は、次に掲げる役員とする。

一　代表取締役、代表執行役、代表理事及び清算人

二　副社長、専務、常務その他これらに準ずる職制上の地位を有する役員

四　取締役(指名委員会等設置会社の取締役および監査等委員である取締役に限る。)、会計参与および監査役ならびに監事

【同族株主がいない会社】

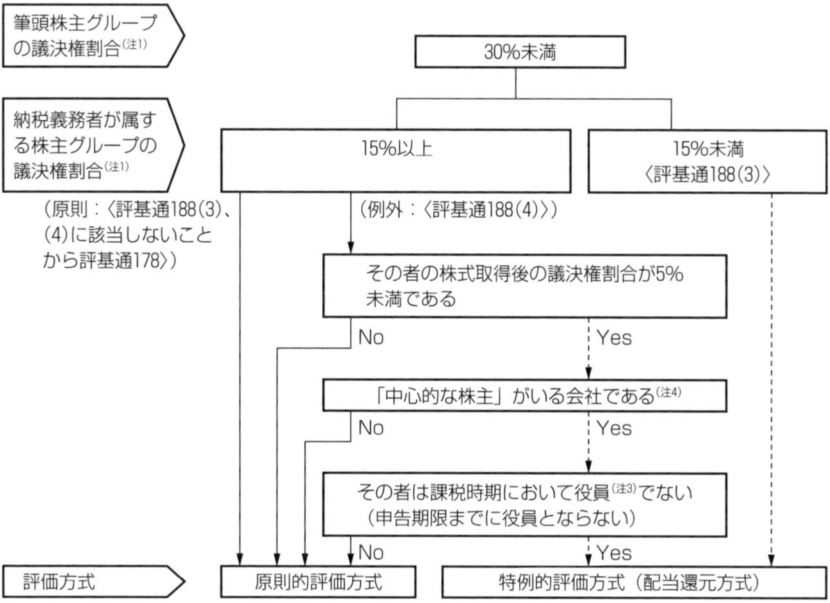

(注4) 「中心的な株主」とは、株主の一人および同族関係者の有する株式の議決権割合が15%以上の株主グループのいずれかに属し、単独(株主1人)で10%以上議決権割合を有する株主をいう。

【中心的な同族株主判定の基礎となる同族株主の範囲（網掛け部分）】

—株主Aについて判定する場合—

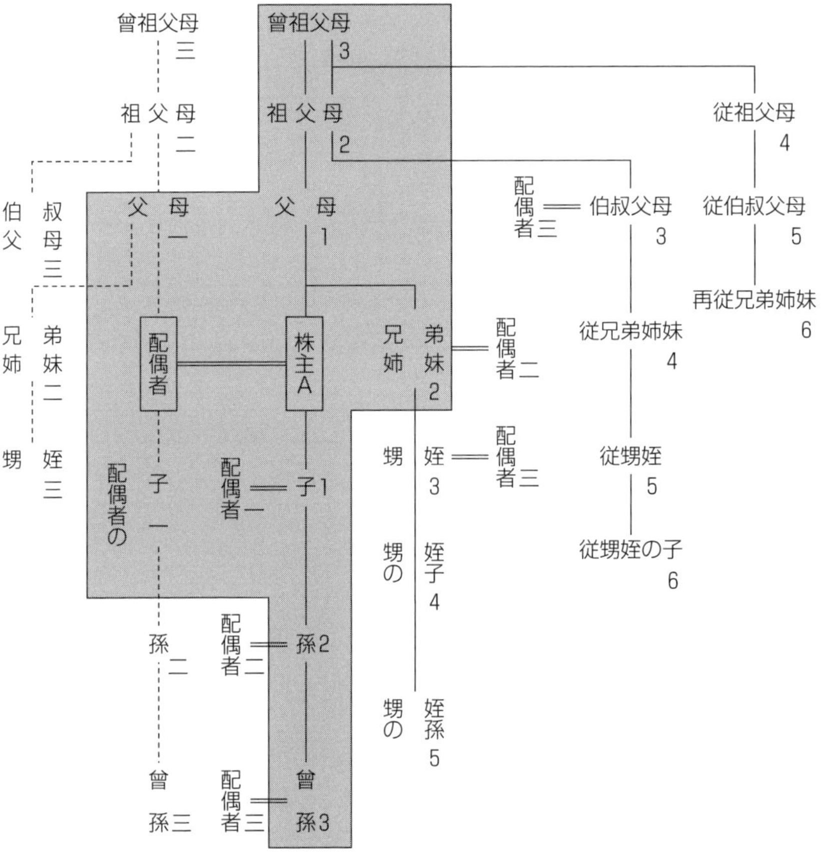

（注）

1　肩書数字は親等を、うち算用数字は血族、漢数字は姻族を示している。

2　養親族関係……養子と養親およびその血族との間においては、養子縁組の日から血族間における関係と同一の親族関係が生じる。

1　株主名簿の確認

同族株主のいる会社かいない会社かの判定においては、株主の確認が必要になりますので、まずは株主名簿を確認する必要があります。同族会社の場合、株主名簿を作成している会社は少ないかもしれませんが、株式会社は、次の事項を記載した株主名簿を作成しなければならないと会社法で定められています（会社法121）。

①　株主の氏名または名称、住所
②　株主の有する株式の数（種類株式発行会社においては、「株式の種類」および「種類ごとの数」）
③　株式を取得した日
④　株券番号（株券発行会社の場合のみ）

株主名簿がない場合には、法人税申告書別表２から株主を確認します。また、同族関係者については、法人税申告書別表２やヒアリングにより確認していきます。

株主名簿

株式会社山田商事

株主名簿

令和３年３月31日現在

番号	氏名	住所	種類	株数	株式を取得した日
1	山田太郎	東京都〇〇〇〇	普通株式	14,000株	平成12年4月1日
2	山田花子	東京都〇〇〇〇	普通株式	2,000株	平成12年4月1日
3	山田長男	東京都〇〇〇〇	普通株式	2,000株	平成12年4月1日
4	従業員次郎	東京都〇〇〇〇	普通株式	2,000株	平成12年4月1日
5	㈱山田商事（自己株式）	東京都〇〇〇〇	普通株式	2,000株	平成30年4月1日
			合計	22,000株	

令和３年３月31日
当社の株主名簿に相違ない
株式会社山田商事
代表取締役　山田太郎　〇

法人税申告書別表２

別表二　平三十一・四・一以後終了事業年度又は連結事業年度分

同族会社等の判定に関する明細書

事業年度又は連結事業年度	2・4・1 3・3・31	法人名	株式会社山田商事

同族会社の判定

期末現在の発行済株式の総数又は出資の総額	1	内 2,000 22,000
(19)と(21)の上位3順位の株式数又は出資の金額	2	20,000
株式数等による判定 (2)/(1)	3	100.0 %
期末現在の議決権の総数	4	内
(20)と(22)の上位3順位の議決権の数	5	
議決権の数による判定 (5)/(4)	6	%
期末現在の社員の総数	7	
社員の3人以下及びこれらの同族関係者の合計人数のうち最も多い数	8	
社員の数による判定 (8)/(7)	9	100.0 %
同族会社の判定割合 ((3)、(6)又は(9)のうち最も高い割合)	10	

特定同族会社の判定

(21)の上位1順位の株式数又は出資の金額	11	
株式数等による判定 (11)/(1)	12	%
(22)の上位1順位の議決権の数	13	
議決権の数による判定 (13)/(4)	14	%
(21)の社員の1人及びその同族関係者の合計人数のうち最も多い数	15	
社員の数による判定 (15)/(7)	16	%
特定同族会社の判定割合 ((12)、(14)又は(16)のうち最も高い割合)	17	
判定結果	18	特定同族会社 (同族会社) 非同族会社

判定基準となる株主等の株式数等の明細

順位 株式数等	順位 議決権数	判定基準となる株主（社員）及び同族関係者 住所又は所在地	氏名又は法人名	判定基準となる株主等との続柄	被支配会社でない法人株主等 株式数又は出資の金額 19	被支配会社でない法人株主等 議決権の数 20	その他の株主等 株式数又は出資の金額 21	その他の株主等 議決権の数 22
1		東京都○○○○	山田太郎	本　人			14,000	
1		東京都○○○○	山田花子	配偶者			2,000	
1		東京都○○○○	山田長男	長　男			2,000	
2		東京都○○○○	従業員次郎	その他			2,000	

【例】

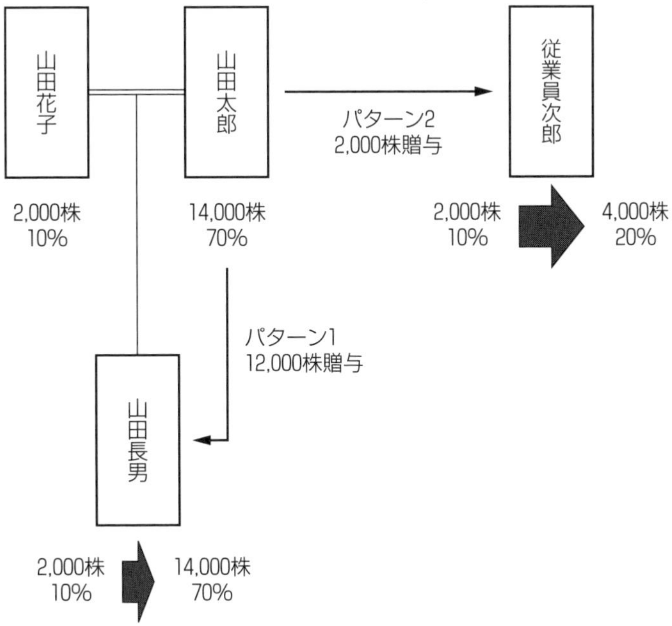

山田家グループ　80%>50%
∴同族株主のいる会社で山田長男は同族株主
従業員次郎は同族株主以外の株主

パターン1
山田太郎から山田長男への贈与は原則的評価方式

パターン2
山田太郎から従業員次郎への贈与は特例的評価方式

2　定款・履歴事項全部証明書

定款とは、必ず作成しなければならない会社の規則です。定款には、会社の名前（商号）や事業内容、本社の所在地、取締役の選任方法などが記載されています。

履歴事項全部証明書とは、会社の商号や本店等、会社に関する履歴が記載されている法務局に登録されている書類です。

履歴事項全部証明書を取得するには以下のような方法があります。

①　法務局（登記所）で取得する。
②　法務局（登記所）から郵送で取得する。
③　インターネットを利用して請求する（郵送のほか、最寄りの登記所や法務局証明サービスセンターで受取りが可能です）。
④　インターネットで閲覧する。

株式の評価にあたっては、インターネットでの取得が早く、すぐに会社の内容を確認することができるので便利です。

(1) 同族株主の判定における議決権

同族株主の判定は株式数ではなく、議決権による判定となります。属人的株式や種類株式を発行している会社の場合には、株式数と議決権数は一致しない可能性がありますので、定款や履歴事項全部証明書により確認します。

(2) 発行済株式数

株価の算定については、発行済株式数の確認が必要です。

発行済株式総数は履歴事項全部証明書から確認することができます。

なお、評価会社が自己株式を保有している場合には、その自己株式に係る議決権の数はゼロとして計算した議決権の数をもって評価会社の議決権総数となります。つまり自己株式の数は除くこととなります。自己株式を保有しているかどうかは、貸借対照表や株主資本等変動計算書、注記表により把握します。

(3) 役員

株式の評価にあたってはその株式を取得した個人が、その会社の役員なのか否かにより評価方法が変わってきます。

役員とは課税時期においてその会社の社長、理事長のほか、次の者をいいます。

① 代表取締役、代表執行役、代表理事および清算人

② 副社長、専務、常務その他これらに準ずる職制上の地位を有する役員

③ 取締役（指名委員会等設置会社の取締役および監査等委員である取締役に限る）、会計参与および監査役ならびに監事

株価算定にあたっては、いわゆる平取締役は役員となりませんので注意が必要です。代表取締役や会計参与、監査役は履歴事項全部証明書により確認できます。なお、副社長、専務や常務は登記事項でないため、会社へのヒアリングにより確認します。

属人的株式の定款記載例

（議決権の個数）
第○条　当会社の株主は、株主総会において、その所有する株式１株につき１個の議決権を有する。
　2　前項の規定にかかわらず、山田太郎は その有する株式1株につき100個の議決権を有する。

種類株式の定款・履歴事項全部証明書記載例

〈定款〉
（A 種類株式の議決権）
第○条　A 種類株式を有する株主は、株主総会において議決権を行使することができない。

〈履歴事項全部証明書〉

発行可能株式総数	220,000 株
発行済株式の総数ならびに種類および数	発行済株式の総数　22,000 株 普通株式　20,000 株 A 種類株式　2,000 株
発行可能種類株式総数および発行する各種類の株式の内容	普通株式　200,000 株 A 種類株式　20,000 株 当会社の発行する A 種類株式の内容は、株主総会において議決権を行使することができない。

2 会社規模の判定

非上場株式の評価については、評価しようとする会社の規模によってそれぞれの評価方法が定められています。

会社規模は、①直前期末以前１年間における従業員数、②直前期末における総資産価額、③直前期末以前１年間における取引金額によって、大会社・中会社の大・中会社の中・中会社の小・小会社の５区分のうち、いずれに該当するのかを判定します。

会社規模の判定については、まずは従業員数を確認していきます。従業員数が70人以上の場合には無条件で大会社になるためです。従業員数が70人未満の場合には、従業員数および総資産価額、取引金額によって判定していきますので、まずは正確な従業員数が必要です。

「従業員数」は、直前期末以前1年間においてその期間継続してその会社に勤務していた従業員（就業規則等で定められた1週間当たりの労働時間が30時間未満である従業員を除きます。以下この項において「継続勤務従業員」といいます）の数に、直前期末以前１年間においてその会社に勤務していた従業員（継続勤務従業員を除きます）のその１年間における労働時間の合計時間数を、従業員１人当たり年間平均労働時間数で除して求めた数を加算した数とします。この場合における、従業員１人当たり年間平均労働時間数は、1,800時間とします。なお、この従業員数は期末の従業員数でないことに注意が必要です。

継続勤務従業員数＋（継続勤務従業員以外の従業員の労働時間の合計時間数）／1800時間

上記により計算した評価会社の従業員数に小数点以下の端数が生じた場合には、例えば5.1人となる場合は従業員数「5人超」に、4.9人となる場合は従業員数「5人以下」に該当します。また、上記の従業員には、その会社の社長、理事長のほか次の役員は含まれません。①代表取締役、代表執行役、代表理事及び清算人、②副社長、専務、常務その他これらに準ずる職制上の地位を有する役員、③取締役（指名

委員会等設置会社の取締役および監査等委員である取締役に限ります)、会計参与および監査役ならびに監事。なお、いわゆる平取締役は役員に含まれませんので注意が必要です。

【例】

代表取締役	1人
取締役	2人
従業員	25人
パート	5,000時間

25人+2人+(5,000時間/1,800時間)=29.7人→29人

1　従業員数の確認

従業員数は、賃金台帳や会社へのヒアリングなどにより確認します。

また、法人事業概況書も従業員数の参考にはしますが、あくまでも概況書の従業員数は期末従業員数ですから、最終的には会社に確認することとなります。

なお、従業員数は、5人、35人、70人が区切りになっています。したがって、従業員数がその付近（例えば33人など）の場合には、慎重に従業員数の判定を行う必要があります。一方明らかに70人以上や、5人以下の場合には簡便的にヒアリングのみでの対応でも問題ないと考えます。

賃金台帳に記入すべき事項は、労働基準法108条および労働基準法施行規則54条により、下記のとおり定められていますので、継続勤務従業員以外の労働時間を合計します。そしてこれを1,800時間で割ります。

①　氏名
②　性別
③　賃金計算期間
④　労働日数
⑤　労働時間数
⑥　時間外労働、休日労働および深夜労働の時間数
⑦　基本給、手当その他賃金の種類ごとにその金額
⑧　労使協定により賃金の一部を控除した場合はその金額

賃金台帳

賃金台帳

集計期間　(2021 年 01 月 01 日～2021 年 12 月 31 日)

事業所　株式会社山田商事

氏名　パート花子

性別　女

	1 月度 1/1-1/31	2 月度 2/1-2/28	3 月度 3/1-3/31	4 月度 4/1-4/30	5 月度 5/1-5/31	6 月度 6/1-6/30
出勤日数	10	10	12	13	13	13
所定内出勤時間	53:54:00	53:52:00	65:54:00	72:27:00	70:14:00	72:02:00
有休残日数	10	10	10	10	10	10
有休残時間数	50	50	50	50	50	50
基本給(支給)	64,680	64,640	79,080	86,940	84,280	86,440
通勤手当/非課(支給)	1,500	1,500	1,800	1,950	1,950	1,950

7 月度 7/1-7/31	8 月度 8/1-8/31	9 月度 9/1-9/30	10 月度 10/1-10/31	11 月度 11/1-11/30	12 月度 12/1-12/31	合計
11	16	9	12	15	15	149
59:22:00	88:02:00	49:51:00	65:44:00	76:26:00	82:22:00	810:10:00
10	10	10	10	10	10	10
50	50	50	50	50	50	50
71,240	114,444	64,805	85,454	99,364	107,077	1,008,444
1,650	2,400	1,350	1,800	2,250	2,250	22,350

法人事業概況書

4 期末従事員等の状況	(1) 期末従事員の状況(単位・人)	常勤役員	3
		販売員	25
		事務員	5
		計	33
		計のうち代表者家族数	
		計のうちアルバイト数	5
	(2) 賃金の定め方	A固定給 / B歩合給 / AB併用	
	(3) 社宅・寮の有無	有 / 無	

〈記載内容〉

4 期末従事員等の状況	(1) 期末従事員の状況		常勤役員以下の空欄には該当の職種を記載するとともに、それぞれの人数を記載してください。 (職種の記載例) 工員、事務員、技術者、販売員、労務者、料理人、ホステス等
		・計のうち代表者家族数	期末従事員のうち代表者の家族の人数を記載してください。 (注) 同居、別居は問いません。また、代表者本人は含みません。

2　総資産価額

総資産価額（帳簿価額によって計算した金額）は、直前期末における各資産の確定決算上の帳簿価額の合計額となります。つまり、直前期末の貸借対照表により判定します。なお、次の注意事項があります。

①　固定資産の減価償却累計額を間接法によって表示している場合には、各資産の帳簿価額の合計額から減価償却累計額を控除します。

②　売掛金、受取手形、貸付金等に対する貸倒引当金は控除しないことに留意してください。

③　前払費用、繰延資産、税効果会計の適用による繰延税金資産など、確定決算上の資産として計上されている資産は、帳簿価額の合計額に含めて記載します。

④　収用や特定の資産の買換え等の場合において、圧縮記帳引当金勘定に繰り入れた金額および圧縮記帳積立金として積み立てた金額ならびに翌事業年度以降に代替資産等を取得する予定であることから特別勘定に繰り入れた金額は、帳簿価額の合計額から控除しません。

貸借対照表

貸借対照表

令和 3年 3月31日 現在

株式会社山田商事　　　　(単位：　円)

資産の部		負債の部	
科目	金額	科目	金額
【流動資産】	149,700,000	【流動負債】	25,000,000
現金及び預金	100,000,000	買掛金	25,000,000
売掛金	50,000,000	負債の部合計	25,000,000
貸倒引当金	△300,000	純資産の部	
【固定資産】	300,000	【株主資本】	125,000,000
【有形固定資産】	300,000	資本金	11,000,000
車両運搬具	5,000,000	利益剰余金	115,000,000
減価償却累計額	△4,700,000	その他利益剰余金	115,000,000
		繰越利益剰余金	115,000,000
		自己株式	△1,000,000
		純資産の部合計	125,000,000
資産の部合計	150,000,000	負債及び純資産合計	150,000,000

この場合の総資産価額は、150,300,000円（資産の部合計150,000,000円＋貸倒引当金300,000円）となります。

3　直前期末以前１年間における取引金額

直前期末以前１年間における取引金額は、その直前期末以前１年間における会社の目的とする事業に係る収入金額（金融業・証券業については収入利息および収入手数料）となります。

したがって、直前期の損益計算書の売上高となりますが、営業外収益などに目的事業の収入が計上されている場合にはその金額も加算します。

損益計算書

損益計算書

自　令和２年４月１日
至　令和３年３月31日

【売上高】	
運送売上高	100,000,000 円
食料品卸売上高	10,000,000 円
売上高合計	110,000,000 円

この場合の直前期末以前１年間における取引金額は、110,000,000 円となります。

4　業種の判定

会社規模の判定にあたっては、会社の業種を「卸売業」、「小売・サービス業」または「卸売業、小売・サービス業以外」のいずれの業種に該当するかを判定していきます。なお、その業種の決定については、直前期末以前１年間における取引金額に基づいて判定し、取引金額のうちに２以上の業種に係る取引金額が含まれている場合には、それらの取引金額のうちもっとも多い取引金額に係る業種によって判定します。

業種は、まず総務省のホームページから日本標準産業分類を確認します。次に、国税庁のホームページから日本標準産業分類の分類項目と類似業種比準価額計算上の業種目との対比表を基にどの業種に該当するのか判定します。

3 の例の場合、運送売上高＞食料品卸売上高となりますので、運送売上にかかる業種となります。

仮に、運送売上の内容が食品の配送業などということであれば、細分類 4411 の「一般貨物自動車運送業」に該当することとなります。

日本標準産業分類の分類項目が、細分類 4411 の「一般貨物自動車運送業」の場合、規模区分を判定する場合の業種は、「卸売業、小売・サービス業以外」となります。

日本産業分類

中分類４４－道路貨物運送業

総　　説

この中分類には，主として自動車等により貨物の運送を行う事業所が分類される。

小分類　細分類
番　号　番　号

440　**管理，補助的経済活動を行う事業所（44道路貨物運送業）**

4400　主として管理事務を行う本社等

主として道路貨物運送業の事業所を統括する本社等として，自企業の経営を推進するための組織全体の管理統括業務，企画，運営，監督，人事，総務，財務，経理，広報，法務，労務，資材の調達，販売促進等の現業以外の業務を行う事業所をいう。

○管理事務を行う本社・本所・本店・支社・支所

4409　その他の管理，補助的経済活動を行う事業所

主として道路貨物運送業における活動を促進するため，同一企業の他事業所に対して，輸送，清掃，修理・整備，保安等の支援業務を提供する事業所をいう。

○自家用車庫；自家用修理工場；自家用補修所；自家用集荷所

441　**一般貨物自動車運送業**

4411　一般貨物自動車運送業（特別積合せ貨物運送業を除く）

他人の需要に応じて有償で自動車（三輪以上の軽自動車及び二輪の自動車を除く）により貨物の運送を行う事業所をいう。

○一般貨物自動車運送業

4412　特別積合せ貨物運送業

一般貨物自動車運送業のうち，営業所その他の事業場において集貨された貨物の仕分を行い，集貨された貨物を積合せて他の事業場に運送し，当該他の事業場において運送された貨物の配送に必要な仕分を行う事業所であって，これらの事業場の間における当該積合せ貨物の運送を定期的に行うものをいう。

（総務省ホームページ）

日本標準産業分類の分類項目と類似業種比準価額計算上の業種目との対比表

日本標準産業分類の分類項目	類似業種比準価額計算上の業種目		規模区分を判定する場合の業種
大　分　類 中　分　類 小　分　類	大　分　類 中　分　類 小　分　類	番　号	
（G　情報通信業）	（情報通信業）		小売・サービス業
41　映像・音声・文字情報制作業	映像・音声・文字情報制作業	58	
411　映像情報制作・配給業			
412　音声情報制作業			
413　新聞業			
414　出版業			
415　広告制作業			
416　映像・音声・文字情報制作に附帯するサービス業			
H　運輸業，郵便業	運輸業，郵便業	60	卸売業、小売・サービス業以外
42　鉄道業	その他の運輸業，郵便業	64	
421　鉄道業			
43　道路旅客運送業	その他の運輸業，郵便業	64	
431　一般乗合旅客自動車運送業			
432　一般乗用旅客自動車運送業			
433　一般貸切旅客自動車運送業			
439　その他の道路旅客運送業			
44　道路貨物運送業	道路貨物運送業	61	
441　一般貨物自動車運送業			
442　特定貨物自動車運送業			
443　貨物軽自動車運送業			
444　集配利用運送業			
449　その他の道路貨物運送業			
45　水運業	水運業	62	
451　外航海運業			
452　沿海海運業			
453　内陸水運業			
454　船舶貸渡業			
46　航空運輸業	その他の運輸業，郵便業	64	
461　航空運送業			
462　航空機使用業（航空運送業を除く）			
47　倉庫業	その他の運輸業，郵便業	64	
471　倉庫業（冷蔵倉庫業を除く）			
472　冷蔵倉庫業			
48　運輸に附帯するサービス業	運輸に附帯するサービス業	63	
481　港湾運送業			
482　貨物運送取扱業（集配利用運送業を除く）			
483　運送代理店			
484　こん包業			
485　運輸施設提供業			
489　その他の運輸に附帯するサービス業			
49　郵便業（信書便事業を含む）	その他の運輸業，郵便業	64	
491　郵便業（信書便事業を含む）			
I　卸売業，小売業	卸売業	65	卸売業
50　各種商品卸売業	各種商品卸売業	66	
501　各種商品卸売業			

【評価明細書第１表の２の記入例】

第1表の2 評価上の株主の判定及び会社規模の判定の明細書（続）　　会社名 株式会社山田商事

（取引相場のない株式（出資）の評価明細書）

（平成三十年一月一日以降用）

3. 会社の規模（Ｌの割合）の判定

	項　目	金　額	項　目	人　数
判定要素	直前期末の総資産価額（帳簿価額）	150,300 千円	直前期末以前1年間における従業員数	27 人 〔従業員数の内訳〕 ［継続勤務従業員数］［継続勤務従業員以外の従業員の労働時間の合計時間数］ （ 27 人）＋（ 5.000 時間）／1,800時間
	直前期末以前1年間の取引金額	110,000 千円		

判定基準	㋣ 直前期末以前1年間における従業員数に応ずる区分	70人以上の会社は、大会社（㋠及び㋷は不要）
		70人未満の会社は、㋠及び㋷により判定

㋠ 直前期末の総資産価額（帳簿価額）及び直前期末以前1年間における従業員数に応ずる区分				㋷ 直前期末以前1年間の取引金額に応ずる区分			会社規模とＬの割合（中会社）の区分	
総資産価額（帳簿価額）			従業員数	取引金額				
卸売業	小売・サービス業	卸売業、小売・サービス業以外		卸売業	小売・サービス業	卸売業、小売・サービス業以外		
20億円以上	15億円以上	15億円以上	35人超	30億円以上	20億円以上	15億円以上	大会社	
4億円以上 20億円未満	5億円以上 15億円未満	5億円以上 15億円未満	35人超	7億円以上 30億円未満	5億円以上 20億円未満	4億円以上 15億円未満	0.90	中会社
2億円以上 4億円未満	2億5,000万円以上 5億円未満	2億5,000万円以上 5億円未満	20人超 35人以下	3億5,000万円以上 7億円未満	2億5,000万円以上 5億円未満	2億円以上 4億円未満	0.75	
7,000万円以上 2億円未満	4,000万円以上 2億5,000万円未満	5,000万円以上 2億5,000万円未満	5人超 20人以下	2億円以上 3億5,000万円未満	6,000万円以上 2億5,000万円未満	8,000万円以上 2億円未満	0.60	
7,000万円未満	4,000万円未満	5,000万円未満	5人以下	2億円未満	6,000万円未満	8,000万円未満	小会社	

・「会社規模とＬの割合（中会社）の区分」欄は、㋠欄の区分（「総資産価額（帳簿価額）」と「従業員数」とのいずれか下位の区分）と㋷欄（取引金額）の区分とのいずれか上位の区分により判定します。

判定	大会社	中会社			小会社
		Ｌの割合			
		0.90	0.75	0.60	

4. 増（減）資の状況その他評価上の参考事項

5　株式の評価方法の判定

会社規模が確定したら、いよいよ評価方法となります。株式の評価は、会社の規模に応じて次のように評価方法を判定します。

まず、大会社は、類似業種比準価額によって評価します。ただし、選択により、純資産価額によって評価することができます。

次に、中会社は、次の算式により計算した金額によって評価します。ただし、選択により、算式中の類似業種比準価額を純資産価額によって計算することができます。

類似業種比準価額×L＋1株当たりの純資産価額×（1－L）

「L」は、評価会社の総資産価額および従業員数または直前期末以前1年間における取引金額に応じて、会社の規模を判定した割合によります。

最後に小会社は、純資産価額によって評価します。ただし、選択により、「類似業種比準価額×50％＋1株当たりの純資産価額×50％」によって評価することができます。

【会社規模に応じた評価方式】

<table>
<tr><th>会社の規模</th><th>評価方式</th><th>選択可</th></tr>
<tr><td>大会社</td><td>類似業種比準価額</td><td rowspan="4">純資産価額</td></tr>
<tr><td>中会社の大</td><td>類似業種比準価額×90％＋純資産価額×10％</td></tr>
<tr><td>中会社の中</td><td>類似業種比準価額×75％＋純資産価額×25％</td></tr>
<tr><td>中会社の小</td><td>類似業種比準価額×60％＋純資産価額×40％</td></tr>
<tr><td>小会社</td><td>純資産価額</td><td>〈類似業種比準価額×50％＋
純資産価額×50％〉</td></tr>
</table>

6　同族株主グループの議決権割合が 50 %以下の場合

株式の取得者の株主グループの議決権割合が50% 以下の場合における１株当たりの純資産価額は、その 80% 相当額を１株当たりの純資産価額とします。これは、その会社に対する支配力が弱いという趣旨から認められています。

ただし、大会社、中会社の評価において類似業種比準価額に代えて純資産価額を採用する場合においては、あくまでも類似業種比準価額が原則となり評価の安全性を考慮しての純資産価額の任意選択のため、適用できないこととなっています。

【同族株主グループの議決権割合が 50 %以下の場合の会社規模に応じた評価方式】

会社の規模	評価方式	選択可
大会社	類似業種比準価額	純資産価額
中会社の大	類似業種比準価額×90%＋(純資産価額×80%)×10%	純資産価額×90%＋(純資産価額×80%)×10%
中会社の中	類似業種比準価額×75%＋(純資産価額×80%)×25%	純資産価額×75%＋(純資産価額×80%)×25%
中会社の小	類似業種比準価額×60%＋(純資産価額×80%)×40%	純資産価額×60%＋(純資産価額×80%)×40%
小会社	純資産価額×80%	〈類似業種比準価額×50%＋(純資産価額×80%)×50%〉

3　一般の評価会社か特定の評価会社か

次に、評価する会社が一般の評価会社に該当するのか、それとも特定の評価会社に該当するのかを判定します。一般の評価会社であれば、これまでみてきた一般の評価会社として評価することが可能です。

しかし、会社を清算中であるなど、会社の営業状況が通常でない会社や、土地や株式を多く保有しており、その資産の保有状況が特殊な会社などは、通常の事業活動を反映していないとされ、その評価方法については類似業種比準価額により評価することが適当ではなく、原則として純資産価額による評価となります。なお、このような会社を特定の評価会社といいます。

1　特定の評価会社の概要

(1) 清算中の会社

清算中の会社は営業活動を行わず、清算して残余財産を分配するのみですので、原則として清算分配見込額に分配を受けると見込まれる日までの期間（その期間が1年未満であるときまたはその期間に1年未満の端数があるときは、これを1年とします）に応ずる基準年利率による複利現価の額を乗じて評価します。つまり、現在価値に割り引いて評価することになります。

清算中の会社かどうかは、履歴事項全部証明書により解散の有無を確認して判定します。

履歴事項全部証明書	
解散	令和３年３月31日株主総会の決議により解散 令和３年４月５日登記

(2) 開業前または休業中の会社

開業前または休業中の会社は、現に事業活動を行っていない会社に該当しますので、配当をすることや利益が出ることはありません。したがって、配当や利益を比準要素とする類似業種比準価額を適用することは不合理であるとの考えから、純資産価額によって評価します。

開業前の会社は、会社を設立しており、設立登記は完了しているが開業準備中である会社、つまり事業活動を行っていない会社です。また、休業中の会社とは、課税時期の前後において長期的に休業となっている会社をいいます。休眠会社などが該当します。これらの会社は直近の試算表で売上が計上されているかなどを確認し、さらに会社へのヒアリングにより確認します。

履歴事項全部証明書	
会社成立の年月日	令和3年4月1日

(3) 開業後3年未満の会社または比準要素数ゼロの会社

開業後3年未満の会社または比準要素数ゼロの会社は正常な営業活動が行われていると考えられないため、純資産価額によって評価します。

開業後3年未満の会社とは、設立登記完了後3年未満の会社をいうものではなく、実際の開業後3年未満の会社をいいます。したがって、履歴事項全部証明書により設立年月日を確認しますが、業務開始などは確認できないため、試算表での売上の計上時期やヒアリングにより判定します。設立間もない会社などは、決算書などを確認し事業活動を行っていたのかの確認が必要です。

比準要素数ゼロの会社とは、類似業種比準価額の計算上の「1株当たりの配当金額」、「1株当たりの利益金額」および「1株当たりの純資産価額（帳簿価額によって計算した金額）」のそれぞれの金額がいずれもゼロとなる会社をいいます。

比準要素	直前々期	直前期
配当	直前期末以前２年の平均	
利益	－	直前期（1年間）
	直前期末以前２年の平均	
純資産	－	直前期末

（利益の２行：選択）⇒ 3ついずれもゼロ

上記のうち、３つすべての要素がゼロの会社となります。なお、利益金額については、「直前期末以前１年間の利益金額」と「直前期末以前２年間の利益金額の平均額」のいずれかの選択が可能となりますので、いずれかがプラスであれば比準要素数ゼロの会社とはなりません。

したがって、判定にあたっては、配当、利益、純資産について、課税時期前３期分の資料が必要となります。

(4) 土地保有特定会社

土地保有特定会社とは、純資産に占める土地の保有割合が多い会社をいいます。

$$\frac{\text{相続税評価による土地等の価額の合計額}}{\text{相続税評価による総資産の価額の合計額}} \geqq \text{会社の区分に応じた割合}$$

土地保有割合は、会社規模によってその保有割合が決定されます。具体的には、次の表に従って、会社の規模による割合に該当する会社を「土地保有特定会社」といいます。

土地保有特定会社に該当した場合には、資産の大部分が土地であることから純資産価額方式により評価します。なお、判定は帳簿価額ではなく、相続税評価額となることに注意が必要です。つまり、帳簿価額で土地保有特定会社に該当していなくても、相続税評価を行うと土地保有特定会社に該当してしまうこともありますし、その逆もあります。多額の含み益がある土地を保有している会社は注意が必要です。

会社規模	土地の保有割合	
大会社	70 %以上	
中会社	90 %以上	
小会社	〈総資産価額〉 ・卸売業…20 億以上 ・小売・サービス業…15 億以上 ・卸売業、小売り・サービス業以外…15 億以上	70% 以上
	〈総資産価額〉 ・卸売業…7,000 万以上 20 億未満 ・小売・サービス業…4,000 万以上 15 億未満 ・卸売業、小売り・サービス業以外…5,000 万以上 15 億未満	90 %以上

(5) 株式保有特定会社

株式保有特定会社とは、総資産に占める株式の保有割合が 50 %以上の会社をいいます。

$$\frac{\text{相続税評価による株式出資等の価額の合計額}}{\text{相続税評価による総資産の価額の合計額}} \geqq 50\ \%$$

株式保有特定会社に該当した場合には、資産の大部分が株式であることから、純資産価額方式または S_1+S_2 方式により評価します。

S_1+S_2 方式とは、株式保有特定会社の特徴を考慮して、その保有している株式等の価額（S_2）とその他の資産（株式以外）の価額（S_1）に分けて評価し、その合計額を株式保有特定会社の評価額として計算する方式です。

S_1（株式等以外の資産）：株式等とその株式等の受取配当金がないものとして原則的評価により評価した金額
S_2（株式等）：株式等について純資産価額によって評価した金額（法人税相当額の控除可）

なお、土地保有特定会社や株式保有特定会社に該当するからといって、課税時期前において合理的な理由もなくその会社の資産構成に変動があり、その変動が土地保有特定会社や株式保有特定会社に該当する評価会社と判定されることを免れるためのものと認められるときは、その変動はなかったものとして当該判定を行うものとされていますので注意が必要です（財産評価基本通達 189 なお書き）。例えば、単に借入れをしても現金のままで事業活動に使用していないなど恣意的な資産構成の変動をした場合は、その変動はなかったものとして株式の評価をすることになります。

(6) 比準要素数1の会社

比準要素数1の会社とは、類似業種比準価額の計算上の「1株当たりの配当金額」、「1株当たりの利益金額」および「1株当たりの純資産価額（帳簿価額によって計算した金額)」の3つの金額のうち、いずれか2つの金額がゼロの会社で、なおかつ、直前々期末を基準にしてそれぞれの金額を計算した場合に、それぞれの金額のうち、いずれか2つ以上の金額がゼロである評価会社のことをいいます。

比準要素数1の会社は、「純資産価額方式」または「類似業種比準価額×25%＋純資産価額×75%」のいずれかによって評価します。

〈直前期基準〉

比準要素	直前々期	直前期
配当	直前期末以前2年の平均	
利益	－	直前期（1年）
	直前期末以前2年の平均	
純資産	－	直前期末

利益：直前期（1年）と直前期末以前2年の平均から選択

⇒いずれか2がゼロ

かつ

〈直前々期基準〉

比準要素	直前々々期	直前々期
配当	直前々期末以前2年の平均	
利益	－	直前々期（1年間）
	直前々期末以前2年の平均	
純資産	－	直前々期末

利益：直前々期（1年間）と直前々期末以前2年の平均から選択

⇒いずれか2以上がゼロ

なお、利益金額については、「直前期末以前1年間の利益金額」と「直前期末以前2年間の利益金額の平均額」のいずれかの選択が可能となります。

2　判定の順序

(1) 判定の順序

その会社が株式保有特定会社に該当し、かつ、比準要素数1の会社に該当するなど、場合によっては2つ以上の特定会社に該当することがあります。その場合には、以下の順序により判定を行っていきます。

【判定の順序】

清算中の会社か？ —はい→ 清算中の会社として評価

↓いいえ

開業前または休業中か？ —はい→ 開業前または休業中の会社として評価

↓いいえ

次の①または②のいずれかに該当するか？
① 開業後3年未満か？
② 比準要素数ゼロの会社に該当するか？
—はい→ 開業後3年未満の会社または比準要素数ゼロの会社として評価

↓いいえ

土地等の保有割合（相続税評価額により計算）が会社規模に応じて次の基準に該当するか？
・大会社　土地等の価額/総資産価額≧70%
・中会社　土地等の価額/総資産価額≧90%
・小会社　土地等の価額/総資産価額≧70%または90%
（注）一定の小会社については、土地等の保有割合に関係なく、判定の対象とならないものがあります。
—はい→ 土地保有特定会社として評価

↓いいえ

株式保有割合（相続税評価額により計算）が次の基準に該当するか？
・株式の価額/総資産価額≧50%
—はい→ 株式保有特定会社として評価
（注）比準要素数1の会社である土地保有特定会社を含みます。

↓いいえ

比準要素数1の会社か？ —はい→ 比準要素数1の会社として評価

↓いいえ

一般の評価会社として評価

（注）「清算中の会社」および「開業前または休業中の会社」以外の評価会社については、同族株主以外の株主に該当する場合には、配当還元方式が適用されます。

【特定の評価会社の評価方式】

特定の評価会社	評価方式	備考
清算中の会社	清算分配見込額× 課税時期から分配を受ける見込日までの期間に応ずる基準年利率による複利現価率	長期間にわたり清算中のままの会社の場合は純資産価額
開業前または休業中の会社	純資産価額	
開業後３年未満の会社 または比準要素数ゼロの会社	純資産価額	
土地保有特定会社	純資産価額	
株式保有特定会社	純資産価額	S_1+S_2 方式
比準要素数１の会社	純資産価額	類似業種比準価額×0.25＋ 純資産価額×0.75

(2) 同族株主グループの議決権割合が 50 %以下の場合

株式の取得者の株主グループの議決権割合が50%以下の場合における１株当たりの純資産価額はその80%相当額を１株当たりの純資産価額としますが、特定の評価会社においても開業前または休業中の会社、株式保有特定会社の S_1+S_2 方式で計算する場合以外は 80 %評価が可能となります。

【同族株主グループの議決権割合が 50 %以下の場合の会社規模に応じた評価方式】

特定の評価会社	評価方式	備考
清算中の会社	清算分配見込額× 課税時期から分配を受ける見込日までの期間に応ずる基準年利率による複利現価率	長期間にわたり清算中のままの会社の場合は純資産価額
開業前または休業中の会社	純資産価額	
開業後３年未満の会社 または比準要素数ゼロの会社	純資産価額×80 %	
土地保有特定会社	純資産価額×80 %	
株式保有特定会社	純資産価額×80 %	S_1+S_2 方式
比準要素数１の会社	純資産価額×80 %	類似業種比準価額×0.25＋ 純資産価額×80 %×0.75

3　配当還元価額の適用

同族株主以外の株主が特定の評価会社の株式を取得した場合には、特例的評価方式である配当還元価額を選択することが可能となります。ただし、①清算中の会社、および、②開業前または休業中の会社に該当する場合には、配当還元価額によることができないため注意が必要です。

第3章

原則的評価方式において必要な資料

1 類似業種比準価額方式

1 類似業種比準価額の計算式

類似業種比準価額方式とは、評価会社と類似する上場会社の株価を基に、会社の1株当たりの配当、利益、純資産の3要素から評価する方式です。具体的には次の算式により計算します。

$$A \times \left[\frac{\dfrac{\text{Ⓑ}}{B} + \dfrac{\text{Ⓒ}}{C} + \dfrac{\text{Ⓓ}}{D}}{3} \right] \times 0.7$$

なお、算式中の「A」、「Ⓑ」、「Ⓒ」、「Ⓓ」、「B」、「C」および「D」は、それぞれ次によります。

A ＝類似業種の株価
Ⓑ＝評価会社の1株当たりの配当金額
Ⓒ＝評価会社の1株当たりの利益金額
Ⓓ＝評価会社の1株当たりの純資産価額（帳簿価額によって計算した金額）
B ＝課税時期の属する年の類似業種の1株当たりの配当金額
C ＝課税時期の属する年の類似業種の1株当たりの年利益金額
D ＝課税時期の属する年の類似業種の1株当たりの純資産価額（帳簿価額によって計算した金額）

（※1） B、CおよびDの金額は1株当たりの資本金等の額を50円とした場合の金額として計算します。
（※2） 算式中の「0.7」は、中会社の株式を評価する場合には「0.6」、小会社の株式を評価する場合には「0.5」となります。

類似業種の判定については、会社現状の判定の際に使用した総務省ホームページの日本産業分類により会社を分類し、国税局ホームページの日本標準産業分類の分類項目と類似業種比準価額計算上の業種目との対比表により業種目を判定します。

類似業種は、大分類、中分類および小分類に区分して別に定める業種（以下「業

日本標準産業分類の分類項目と類似業種比準価額計算上の業種目との対比表

日本標準産業分類の分類項目	類似業種比準価額計算上の業種目		規模区分を判定する場合の業種
大分類 中分類 小分類	大分類 中分類 小分類	番号	
（G　情報通信業）	（情報通信業）		小売・サービス業
41　映像・音声・文字情報制作業	映像・音声・文字情報制作業	58	
411 映像情報制作・配給業			
412 音声情報制作業			
413 新聞業			
414 出版業			
415 広告制作業			
416 映像・音声・文字情報制作に附帯するサービス業			
H　運輸業，郵便業	運輸業，郵便業	60	卸売業、小売・サービス業以外
42　鉄道業	その他の運輸業，郵便業	64	
421 鉄道業			
43　道路旅客運送業	その他の運輸業，郵便業	64	
431 一般乗合旅客自動車運送業			
432 一般乗用旅客自動車運送業			
433 一般貸切旅客自動車運送業			
439 その他の道路旅客運送業			
44　道路貨物運送業	道路貨物運送業	61	
441 一般貨物自動車運送業			
442 特定貨物自動車運送業			
443 貨物軽自動車運送業			
444 集配利用運送業			
449 その他の道路貨物運送業			
45　水運業	水運業	62	
451 外航海運業			
452 沿海海運業			
453 内陸水運業			
454 船舶貸渡業			
46　航空運輸業	その他の運輸業，郵便業	64	
461 航空運送業			
462 航空機使用業（航空運送業を除く）			
47　倉庫業	その他の運輸業，郵便業	64	
471 倉庫業（冷蔵倉庫業を除く）			
472 冷蔵倉庫業			
48　運輸に附帯するサービス業	運輸に附帯するサービス業	63	
481 港湾運送業			
482 貨物運送取扱業（集配利用運送業を除く）			
483 運送代理店			
484 こん包業			
485 運輸施設提供業			
489 その他の運輸に附帯するサービス業			
49　郵便業（信書便事業を含む）	その他の運輸業，郵便業	64	
491 郵便業（信書便事業を含む）			
I　卸売業，小売業	卸売業	65	卸売業
50　各種商品卸売業	各種商品卸売業	66	
501 各種商品卸売業			

選択

（国税庁ホームページ）

種目」といいます）のうち、評価会社の事業が該当する業種目とし、その業種目が小分類に区分されているものにあっては小分類による業種目、小分類に区分されていない中分類のものにあっては中分類の業種目によります。ただし、納税義務者の選択により、類似業種が小分類による業種目にあってはその業種目の属する中分類の業種目、類似業種が中分類による業種目にあってはその業種目の属する大分類の業種目を、それぞれ類似業種とすることができます。

日本標準産業分類の分類項目が、細分類4411の「一般貨物自動車運送業」の場合、類似業種比準価額計算上の業種目は、中分類61「道路貨物運送事業」になりますが、選択により大分類60の「運輸業、郵便業」とすることが可能です。

類似業種の株価（A)、配当金額（B)、利益金額（C)、簿価純資産価額（D）については、国税庁のホームページから類似業種比準価額計算上の業種目および業種目別株価等により抜粋します。

類似業種比準価額計算上の業種目及び業種目別株価等

類似業種比準価額計算上の業種目及び業種目別株価等(令和元年分)

(単位:円)

業種目 大分類 中分類 小分類	番号	内容	B 配当金額	C 利益金額	D 簿価純資産価額	A(株価) 平成30年平均	A(株価) 30年11月分	A(株価) 30年12月分
選択→ ***運輸業，郵便業***	60		***5.4***	***40***	***388***	④ ***349***	***331***	***315***
選択→ 道路貨物運送業	61	自動車等により貨物の運送を行うもの	4.2	36	318	④ 301	294	278
水運業	62	海洋、沿海、港湾、河川、湖沼において船舶により旅客又は貨物の運送を行うもの(港湾において、はしけによって貨物の運送を行うものを除く)	2.6	30	320	173	162	150
運輸に附帯するサービス業	63	港湾運送業、貨物運送取扱業(集配利用運送業を除く)、運送代理店、こん包業及び運輸施設提供業等を営むもの	11.3	58	574	604	563	533
その他の運輸業，郵便業	64	運輸業，郵便業のうち、61から63に該当するもの以外のもの	3.6	34	353	285	272	263

類似業種比準価額計算上の業種目及び業種目別株価等(令和元年分)

(単位:円)

A(株価)【上段:各月の株価、下段:課税時期の属する月以前2年間の平均株価】

業種目 大分類 中分類 小分類	番号	平成31年1月分	2月分	3月分	4月分	令和元年5月分	6月分	7月分	8月分	9月分	10月分	11月分	12月分
運輸業，郵便業	60	***312*** ***332***	***327*** ***334***	***333*** ***335***	***332*** ***337***	***322*** ***338***	***321*** ***338***	***327*** ***339***	***318*** ***339***	***323*** ***339***	③ ***331*** ***339***	② ***343*** ***339***	① ***351*** ***338*** ⑤
道路貨物運送業	61	280 277	294 281	301 284	299 287	290 289	297 291	302 293	296 295	300 296	③ 309 298	② 321 300	① 327 301 ⑤
水運業	62	144 172	147 171	144 170	147 169	136 167	133 166	140 165	132 163	139 162	146 161	150 159	155 158
運輸に附帯するサービス業	63	523 573	556 575	564 577	571 580	553 581	540 582	556 584	537 584	536 584	550 583	568 581	587 578
その他の運輸業，郵便業	64	263 280	270 280	276 281	271 282	264 282	263 281	265 281	260 280	268 279	272 279	283 278	284 277

【例：類似業種の株価】

課税時期：令和 1 年 12 月の場合
　運輸業、郵便業 60：①、②、③、④、⑤のいずれか低い株価
　　⇒③の 331 円
　道路貨物運送業 61：①、②、③、④、⑤のいずれか低い株価
　　⇒④の 301 円（⑤も同額）

類似業種の株価（A）は、課税時期の属する月以前 3 か月間の各月の類似業種の株価のうちもっとも低いものとなります。ただし、納税義務者の選択により、類似業種の前年平均株価または課税時期の属する月以前 2 年間の平均株価とすることができます。

したがって、課税時期が令和 1 年 12 月の場合には、令和 1 年① 12 月、② 11 月、③ 10 月または④平成 30 年平均または⑤令和 1 年 12 月以前 2 年間の平均株価のいずれか低い株価とすることが可能です。

2　評価会社の 1 株当たりの比準要素を算定する場合の株式数

次に評価会社の類似業種比準方式を構成する、「1 株当たり配当金額」、「1 株当たり利益金額」、「1 株当たり純資産価額」の 3 つの要素を算定する場合に使用する株式数についてです。実際の発行済株式数などは関係なく、直前期末の資本金等の額を 50 円で割った株式数とします。資本金等の額は、法人税申告書別表 5（1）により確認します。

これは、46 頁の（※ 1）にもあるように、類似業種の金額が、1 株当たりの資本

【直前期末の資本金等 10,000,000 円÷50 円＝200,000 株の場合】

Ⅱ　資本金等の額の計算に関する明細書

区分		期首現在資本金等の額	当期の増減		差引翌期首現在資本金等の額 ①−②+③
			減	増	
		①	②	③	④
資本金又は出資金	32	11,000,000 円	円	円	11,000,000 円
資本準備金	33				
自己株式	34	△1,000,000			△1,000,000
	35				
差引合計額	36	10,000,000			10,000,000

金等を50円でとした場合の金額として計算しているので、整合性をとるためとされています。

3 「Ⓑ＝評価会社の１株当たりの配当金額」とは

評価会社の「1株当たりの配当金額」とは、直前期末以前2年間におけるその会社の剰余金の配当金額の合計額の2分の1に相当する金額を、直前期末における発行済株式数（1株当たりの資本金等の額が50円以外の金額である場合には、直前期末における資本金等の額を50円で除して計算した数によるものとします）で除した金額となります。なお、配当の金額は各事業年度中に配当金交付の効力が発生した剰余金の配当（資本金等の額の減少によるものを除きます）の金額となります。

配当金額は、株主資本等変動計算書および株主資本等変動計算書に関する注記を

株主資本等変動計算書

株主資本等変動計算書

自　平成31年4月1日　至　令和2年3月31日

	株主資本					純資産合計
	資本金	その他利益剰余金	利益剰余金合計	自己株式	株主資本合計	
		繰越利益剰余金				
当期首残高	11,000,000	105,000,000	105,000,000	△ 1,000,000	115,000,000	115,000,000
当期変動額						
当期純利益金額		5,000,000	5,000,000		5,000,000	5,000,000
当期変動額合計	0	5,000,000	5,000,000	0	5,000,000	5,000,000
当期末残高	11,000,000	110,000,000	110,000,000	△ 1,000,000	120,000,000	120,000,000

株主資本等変動計算書

自　令和2年4月1日　至　令和3年3月31日

	株主資本					純資産合計
	資本金	その他利益剰余金	利益剰余金合計	自己株式	株主資本合計	
		繰越利益剰余金				
当期首残高	11,000,000	110,000,000	110,000,000	△ 1,000,000	120,000,000	120,000,000
当期変動額						
剰余金の配当		△ 500,000	△ 500,000		△ 500,000	△ 500,000
当期純利益金額		5,500,000	5,500,000		5,500,000	5,500,000
当期変動額合計	0	5,000,000	5,000,000	0	5,000,000	5,000,000
当期末残高	11,000,000	115,000,000	115,000,000	△ 1,000,000	125,000,000	125,000,000

確認します。なお、あくまでも効力発生日となるため注意が必要です。

株主資本等変動計算書に関する注記

〈当該事業年度中に行った剰余金の配当に関する事項〉
令和2年5月25日の定時株主総会において、次のとおり決議しました。
・配当金の総額　500,000円
・1株当たり配当額　　25円
・配当原資　　　利益剰余金
・基準日　　　令和2年3月31日
・効力発生日　令和2年5月25日

※50円相当の発行済株式数　10,000,000円÷50円＝200,000株

【例：評価会社の1株当りの配当金額】

①直前期　　500,000円
②直前々期　　　0円
∴（①＋②）÷2＝250,000円
250,000円÷200,000株＝1.25

なお、資本金等の額の減少によるものは含みませんので、配当原資がその他資本剰余金となっている場合には除外します。

また、剰余金の配当金額の算定の基となった配当金額のうち、特別配当、記念配当等の名称による配当金額で、将来、毎期継続することが予想できないものがあれば、これを1株当たりの配当金額の計算から除外します。

配当金の一部が特別配当や記念配当であるかは、株主資本等変動計算書に関する注記により確認します。

株主資本等変動計算書に関する注記

〈当該事業年度中に行った剰余金の配当に関する事項〉
令和2年5月25日の定時株主総会において、次のとおり決議しました。
・配当金の総額　1,000,000円
・1株当たり配当額　　5円

・配当原資　　　利益剰余金
・基準日　　　令和２年３月31日
・効力発生日　令和２年５月25日
・１株当たり配当額には、記念配当2.5円を含んでおります。

※50円相当の発行済株式数　10,000,000円÷50円＝200,000株

①直前期　　1,000,000円－500,000円＝500,000円
②直前々期　0円
　∴（①＋②）÷1/2＝250,000円
250,000円÷200,000株＝1.25

4 「©＝評価会社の１株当たりの利益金額」とは

「評価会社の１株当たりの利益金額」は、直前期末以前１年間における法人税の課税所得金額（固定資産売却益、保険差益等の非経常的な利益の金額を除きます）に、その所得の計算上益金に算入されなかった剰余金の配当（資本金等の額の減少によるものを除きます）等の金額（所得税額に相当する金額を除きます）および損金に算入された繰越欠損金の控除額を加算した金額（その金額が負数のときは、ゼロとします）を、直前期末における発行済株式数で除して計算した金額とします。ただし、選択により、直前期末以前２年間の各事業年度について、それぞれ法人税の課税所得金額を基とし上記に準じて計算した金額の合計額（その合計額が負数のときは、ゼロとします）の２分の１に相当する金額を直前期末における発行済株式数で除して計算した金額とすることができます。

利益金額の考え方は、企業会計の恣意性を排除して経常的な利益金額を求めるという方針により非経常的な利益金額は除くこととされています。したがって、法人税の課税所得金額は法人税申告書別表４の所得金額となります。

非経常的な利益の金額は、一般的には固定資産売却益、保険差益等が該当しますが、経常的な利益または非経常的な利益のいずれに該当するかは、会社の事業の内容、その利益の発生原因、その発生原因たる行為の反復継続性または臨時偶発性等を考慮し、個別に判定しますので、継続的に有価証券の売却益がある場合など、そ

の内容によっては非経常的な利益とはなりません。非経常的な利益に該当するかどうかは、損益計算書の経常利益や特別利益をベースに内訳書や総勘定元帳から内容を把握し、最終的にはその会社の業種や取引状況などヒアリングにより決定します。

なお、経常的な利益を求めるため、非経常的な損失の金額がある場合には、その金額を控除した金額（非経常的な損失の方が大きい場合はゼロ）とします。

益金不算入の受取配当金は法人税申告書別表8の13欄「受取配当等の益金不算入額」とし、その額から控除する所得税額は法人税申告書別表6の2欄③「剰余金の配当等のうち控除を受ける所得税額」となります。

繰越欠損金の控除額については、法人税申告書別表7（1）4欄の「計」の金額となります。

【例：評価会社の1株当たりの利益金額】

(1) 直前期

①課税所得金額　20,000千円

②非経常的な利益と損失　a) 固定資産売却益　1,000千円

b) 固定資産売却損　2,000千円

∴ a)－b)＝△1,000千円　∴0

③受取配当等の益金不算入額　20千円

④③の所得税額　20千円

⑤繰越欠損金の控除額　5,000千円

①－②＋③－④＋⑤＝25,000千円

(2) 直前々期　ゼロ

法人税申告書別表４

所得の金額の計算に関する明細書（簡易様式）

事業年度	2・4・1 3・3・31	法人名	株式会社山田商事

別表四（簡易様式）　平三十・四・一以後終了事業年度分

区分			総額 ①	処分 留保 ②	処分 社外流出	処分 社外流出 ③
当期利益又は当期欠損の額		1	25,000,000円	24,500,000円	配当	500,000円
					その他	
加算	損金経理をした法人税及び地方法人税（附帯税を除く。）	2				
加算	損金経理をした道府県民税及び市町村民税	3				
加算	損金経理をした納税充当金	4				
加算	損金経理をした附帯税(利子税を除く。)、加算金、延滞金(延納分を除く。)及び過怠税	5			その他	
加算	減価償却の償却超過額	6				
加算	役員給与の損金不算入額	7			その他	
加算	交際費等の損金不算入額	8			その他	
加算		9				
加算		10				
加算						
加算	次葉合計					
加算	小計	11	0	0		0
減算	減価償却超過額の当期認容額	12				
減算	納税充当金から支出した事業税等の金額	13				
減算	受取配当等の益金不算入額（別表八(一)「13」又は「26」）	14	20,000		※	20,000
減算	外国子会社から受ける剰余金の配当等の益金不算入額（別表八(二)「26」）	15			※	
減算	受贈益の益金不算入額	16			※	
減算	適格現物分配に係る益金不算入額	17			※	
減算	法人税等の中間納付額及び過誤納に係る還付金額	18				
減算	所得税額等及び欠損金の繰戻しによる還付金額等	19			※	
減算		20				
減算						
減算	次葉合計					
減算	小計	21	20,000	0	外※	20,000 0
仮計 (1)＋(11)－(21)		22	24,980,000	24,500,000	外※	△20,000 500,000
関連者等に係る支払利子等の損金不算入額（別表十七(二の二)「25」又は「30」）		23			その他	
超過利子額の損金算入額（別表十七(二の三)「10」）		24	△		※	△
仮計 ((22)から(24)までの計)		25	24,980,000	24,500,000	外※	△20,000 500,000
寄附金の損金不算入額（別表十四(二)「24」又は「40」）		26			その他	
法人税額から控除される所得税額（別表六(一)「6の③」）		29	20,420		その他	20,420
税額控除の対象となる外国法人税の額（別表六(二の二)「7」）		30			その他	
外国関係会社等に係る控除対象所得税額等相当額（別表十七(三の十二)「1」）		31			その他	
合計 (25)＋(26)＋(29)＋(30)＋(31)		34	25,000,420	24,500,000	外※	△20,000 520,420
契約者配当の益金算入額（別表九(一)「13」）		35				
中間申告における繰戻しによる還付に係る災害損失欠損金額の益金算入額		37			※	
非適格合併又は残余財産の全部分配等による移転資産等の譲渡利益額又は譲渡損失額		38			※	
差引計 (34)＋(35)＋(37)＋(38)		39	25,000,420	24,500,000	外※	△20,000 520,420
欠損金又は災害損失金等の当期控除額（別表七(一)「4の計」＋（別表七(二)「9」若しくは「21」又は別表七(三)「10」))		40	△ 5,000,000		※	△ 5,000,000
総計 (39)＋(40)		41	20,000,420	24,500,000	外※	△5,020,000 520,420
新鉱床探鉱費又は海外新鉱床探鉱費の特別控除額（別表十(三)「43」）		42	△		※	△
残余財産の確定の日の属する事業年度に係る事業税の損金算入額		48	△	△		
所得金額又は欠損金額		49	20,000,420	24,500,000	外※	△5,020,000 520,420

御注意

1 沖縄の認定法人の課税の特例、国家戦略特別区域における指定法人の課税の特例、組合事業等に係る損失がある場合の課税の特例、対外船舶運航事業を営む法人の日本船舶による収入金額の課税の特例、特定目的会社等又は特定目的信託に係る課税の特例、農業経営基盤強化準備金の課税の特例、農用地等を取得した場合の課税の特例、関西国際空港用地整備準備金の課税の特例、中部国際空港整備準備金の課税の特例及び再投資等準備金の課税の特例の規定の適用を受ける法人にあっては、別様式による別表四を御使用ください。

2 「49」の「①」欄の金額は、「②」欄の金額に「③」欄の本書の金額を加算し、これから「※」の金額を加減算した額と符合することになりますから留意してください。

簡　法　0301－0402

法人税申告書別表6（1）

③ 所得税額の控除に関する明細書

事業年度	2・4・1 3・3・31	法人名	株式会社山田商事

別表六（一）

平三十・四・一以後終了事業年度分

御注意

「1」から「5」までの「②」及び「③」の各欄並びに「8」、「14」及び「21」の各欄は、法人の各事業年度において、東日本大震災からの復興のための施策を実施するために必要な財源の確保に関する特別措置法第33条第2項の規定の適用がある場合には、同項の規定により所得税額とみなされる復興特別所得税の額を含めて記載します。

区分		収入金額 ①	①について課される所得税額 ②	②のうち控除を受ける所得税額 ③
公社債及び預貯金の利子、合同運用信託、公社債投資信託及び公社債等運用投資信託の収益の分配並びに特定目的信託の社債的受益権の金銭の分配	1	円	円	円
剰余金の配当、利益の配当、剰余金の分配及び金銭の分配（みなし配当等を除く。）	2	100,000	20,420	20,420
集団投資信託（合同運用信託、公社債投資信託及び公社債等運用投資信託を除く。）の収益の分配	3			
割引債の償還差益	4			
その他	5			
計	6	100,000	20,420	20,420

剰余金の配当、利益の配当、剰余金の分配及び金銭の分配（みなし配当等を除く。）、集団投資信託（合同運用信託、公社債投資信託及び公社債等運用投資信託を除く。）の収益の分配又は割引債の償還差益に係る控除を受ける所得税額の計算

個別法による場合	銘柄	収入金額 7	所得税額 8	配当等の計算期間 9	(9)のうち元本所有期間 10	所有期間割合 (10)/(9) （小数点以下3位未満切上げ） 11	控除を受ける所得税額 (8)×(11) 12
	㈱山田産業	100,000 円	20,420 円	12 月	12 月	1.000	20,420 円

銘柄別簡便法による場合	銘柄	収入金額 13	所得税額 14	配当等の計算期末の所有元本数等 15	配当等の計算期首の所有元本数等 16	((15)－(16))/(2又は12) （マイナスの場合は0） 17	所有元本割合 ((16)＋(17))/(15) （小数点以下3位未満切上げ） （1を超える場合は1） 18	控除を受ける所得税額 (14)×(18) 19
		円	円					円

その他に係る控除を受ける所得税額の明細

支払者の氏名又は法人名	支払者の住所又は所在地	支払を受けた年月日	収入金額 20	控除を受ける所得税額 21	参考
		・　・	円	円	
		・　・			
		・　・			
		・　・			
		・　・			
計					

法 0301－0601

法人税申告書別表7 (1)

⑤ 欠損金又は災害損失金の損金算入等に関する明細書

事業年度	2・4・1 3・3・31	法人名	株式会社山田商事

別表七(一) 平三十・四・一以後終了事業年度分

控除前所得金額 (別表四「39の①」)－(別表七(二)「9」又は「21」)	1	25,000,420 円	所得金額控除限度額 (1)× 50、55又は100 / 100	2	円

事業年度	区分	控除未済欠損金額 3	当期控除額 (当該事業年度の(3)と((2)－当該事業年度前の(4)の合計額)のうち少ない金額) 4	翌期繰越額 ((3)－(4))又は(別表七(三)「15」) 5
・　・ ・　・	青色欠損・連結みなし欠損・災害損失	円	円	
・　・ ・　・	青色欠損・連結みなし欠損・災害損失			円
・　・ ・　・	青色欠損・連結みなし欠損・災害損失			
・　・ ・　・	青色欠損・連結みなし欠損・災害損失			
・　・ ・　・	青色欠損・連結みなし欠損・災害損失			
・　・ ・　・	青色欠損・連結みなし欠損・災害損失			
・　・ ・　・	青色欠損・連結みなし欠損・災害損失			
・　・ ・　・	青色欠損・連結みなし欠損・災害損失			
・　・ ・　・	青色欠損・連結みなし欠損・災害損失			
29・4・1 30・3・31	青色欠損・連結みなし欠損・災害損失	5,000,000	5,000,000	0
計		5,000,000	5,000,000	0
当期分	欠損金額 (別表四「49の①」)		欠損金の繰戻し額	
当期分	同上のうち 災害損失金			
当期分	同上のうち 青色欠損金			
合計				0

災害により生じた損失の額の計算

災害の種類			災害のやんだ日又はやむを得ない事情のやんだ日	・　・
災害を受けた資産の別		棚卸資産 ①	固定資産 (固定資産に準ずる繰延資産を含む。) ②	計 ①＋② ③
当期の欠損金額 (別表四「49の①」)	6			円
災害により生じた損失の額　資産の滅失等により生じた損失の額	7	円	円	
災害により生じた損失の額　被害資産の原状回復のための費用等に係る損失の額	8			
災害により生じた損失の額　被害の拡大又は発生の防止のための費用に係る損失の額	9			
災害により生じた損失の額　計 (7)＋(8)＋(9)	10			
保険金又は損害賠償金等の額	11			
差引災害により生じた損失の額 (10)－(11)	12			
同上のうち所得税額の還付又は欠損金の繰戻しの対象となる災害損失金額	13			
中間申告における災害損失欠損金の繰戻し額	14			
繰戻しの対象となる災害損失欠損金額 ((6の③)と((13の③)－(14の③))のうち少ない金額)	15			
繰越控除の対象となる損失の額 ((6の③)と((12の③)－(14の③))のうち少ない金額)	16			

法　0301－0701

法人税申告書別表8 (1)

別表八(一) 平三十・四・一以後終了事業年度分

① 受取配当等の益金不算入に関する明細書	事業年度	2・4・1 3・3・31	法人名	株式会社山田商事

御注意

1 「28」欄には、貸借対照表に計上されている特別償却準備金及び圧縮記帳に係る積立金の額を含めます。

2 租税特別措置法第67条の6第1項に規定する特定株式投資信託の収益の分配の額がある場合の当該特定株式投資信託については、「非支配目的株式等」の各欄に記載しますが、このとき、「38」欄には「特定株式投信」と記載し、「39」及び「40」の各欄は記載する必要はありません。

当年度実績により負債利子等の額を計算する場合

完全子法人株式等に係る受取配当等の額 (31の計)			1	円
関連法人株式等	受取配当等の額 (34の計)		2	
	負債利子等の額の計算	当期に支払う負債利子等の額	3	
		連結法人に支払う負債利子等の額	4	
		国外支配株主等に係る負債の利子等の損金不算入額、関連者等に係る支払利子等の損金不算入額又は恒久的施設に帰せられるべき資本に対応する負債の利子の損金不算入額 (別表十七(一)「35」と別表十七(二の二)「25」のうち多い金額)又は(別表十七(二の二)「30」と別表十七の三(二)「17」のうち多い金額)	5	
		超過利子額の損金算入額 (別表十七(二の三)「10」)	6	
		計 (3)−(4)−(5)+(6)	7	
		総資産価額 (29の計)	8	
		期末関連法人株式等の帳簿価額 (30の計)	9	
		受取配当等の額から控除する負債利子等の額 (7)×(9)/(8)	10	
その他株式等に係る受取配当等の額 (37の計)			11	
非支配目的株式等に係る受取配当等の額 (43の計)			12	100,000
受取配当等の益金不算入額 (1)+((2)−(10))+(11)×50%+(12)×(20%又は40%)			13	20,000

基準年度実績により負債利子等の額を計算する場合

完全子法人株式等に係る受取配当等の額 (31の計)			14	円
関連法人株式等	受取配当等の額 (34の計)		15	
	負債利子等の額の計算	当期に支払う負債利子等の額	16	
		国外支配株主等に係る負債の利子等の損金不算入額、関連者等に係る支払利子等の損金不算入額又は恒久的施設に帰せられるべき資本に対応する負債の利子の損金不算入額 (別表十七(一)「35」と別表十七(二の二)「25」のうち多い金額)又は(別表十七(二の二)「30」と別表十七の三(二)「17」のうち多い金額)	17	
		超過利子額の損金算入額 (別表十七(二の三)「10」)	18	
		計 (16)−(17)+(18)	19	
		平成27年4月1日から平成29年3月31日までの間に開始した各事業年度の負債利子等の額の合計額	20	
		同上の各事業年度の関連法人株式等に係る負債利子等の額の合計額	21	
		負債利子控除割合 (21)/(20) (小数点以下3位未満切捨て)	22	
		受取配当等の額から控除する負債利子等の額 (19)×(22)	23	円
その他株式等に係る受取配当等の額 (37の計)			24	
非支配目的株式等に係る受取配当等の額 (43の計)			25	100,000
受取配当等の益金不算入額 (14)+((15)−(23))+(24)×50%+(25)×(20%又は40%)			26	20,000

当年度実績による場合の総資産価額等の計算

区分	総資産の帳簿価額	連結法人に支払う負債利子等の元本の負債の額等	総資産価額 (27)−(28)	期末関連法人株式等の帳簿価額
	27	28	29	30
前期末現在額	円	円	円	円
当期末現在額				
計				

受取配当等の額の明細

完全子法人株式等	法人名	本店の所在地	受取配当等の額の計算期間	受取配当等の額 31
			・　・ ・　・	円
			・　・ ・　・	
	計			

関連法人株式等	法人名	本店の所在地	受取配当等の額の計算期間	保有割合	受取配当等の額 32	左のうち益金の額に算入される金額 33	益金不算入の対象となる金額 (32)−(33) 34
			・　・ ・　・		円	円	円
			・　・ ・　・				
	計						

その他株式等	法人名	本店の所在地	受取配当等の額 35	左のうち益金の額に算入される金額 36	益金不算入の対象となる金額 (35)−(36) 37
			円	円	円
	計				

非支配目的株式等	法人名又は銘柄	本店の所在地 38	基準日 39	保有割合 40	受取配当等の額 41	左のうち益金の額に算入される金額 42	益金不算入の対象となる金額 (41)−(42) 43
	㈱山田産業	東京都○○○○	・　・		100,000 円	円	100,000 円
			・　・				
	計				100,000		100,000

法 0301−0801

【例】

直前期ベース
25,000 千円÷200,000 株＝125 ⇒ 125 円
直前期以前 2 年平均ベース
(25,000 千円＋0)÷2÷200,000 株＝62.5 ⇒ 62 円
125＞62　　∴ 62 円

※ 50 円相当の発行済株式数　10,000,000 円÷50 円＝200,000 株

5　「Ⓓ＝評価会社の１株当たりの純資産価額（帳簿価額によって計算した金額）」とは

「1 株あたりの純資産価額（帳簿価額によって計算した金額)」は、直前期末における資本金等の額および法人税法 2 条（(定義)）18 号に規定する利益積立金額に相当する金額（法人税申告書別表 5（1）「利益積立金額及び資本金等の額の計算に関する明細書」の差引翌期首現在利益積立金額の差引合計額）の合計額を直前期末における発行済株式数で除して計算した金額となります。したがって、法人税申告書別表 5（1）により確認します。

【例】

Ⓓ評価会社の１株当たりの純資産価額
①資本金等　　　　10,000 千円
②利益積立金額　115,000 千円
(①＋②)÷200,000 株＝625 円

※ 50 円相当の発行済株式数　10,000,000 円÷50 円＝200,000 株

法人税申告書別表5（1）

利益積立金額及び資本金等の額の計算に関する明細書

事業年度	・　・ ・　・	法人名	

別表五(一)　平三十・四・一以後終了事業年度分

I　利益積立金額の計算に関する明細書

区分		期首現在利益積立金額	当期の増減		差引翌期首現在利益積立金額 ①−②+③
			減	増	
		①	②	③	④
利益準備金	1	円	円	円	円
積立金	2				
	3				
	4				
	5				
	6				
	7				
	8				
	9				
	10				
	11				
	12				
	13				
	14				
	15				
	16				
	17				
	18				
	19				
	20				
	21				
	22				
	23				
	24				
	25				
繰越損益金（損は赤）	26				115,000,000
納税充当金	27				
未納法人税等（退職年金等積立金に対するものを除く。） 未納法人税及び未納地方法人税（附帯税を除く。）	28	△	△	中間 △ 確定 △	△
未納法人税等 未納道府県民税（均等割額を含む。）	29	△	△	中間 △ 確定 △	△
未納法人税等 未納市町村民税（均等割額を含む。）	30	△	△	中間 △ 確定 △	△
差引合計額	31				115,000,000

II　資本金等の額の計算に関する明細書

区分		期首現在資本金等の額	当期の増減		差引翌期首現在資本金等の額 ①−②+③
			減	増	
		①	②	③	④
資本金又は出資金	32	11,000,000円	円	円	11,000,000円
資本準備金	33				
自己株式	34	△1,000,000			△1,000,000
	35				
差引合計額	36	10,000,000			10,000,000

合計

法　0301−0501

御注意

1　この表は、通常の場合には次の算式により検算ができます。

期首現在利益積立金額合計「31」① ＋ 別表四留保所得金額又は欠損金額「49」 − 中間分，確定分法人税県市民税の合計額 ＝ 差引翌期首現在利益積立金額合計「31」④

2　発行済株式又は出資のうちに二以上の種類の株式がある場合には、法人税法施行規則別表五(一)付表（別表五(一)付表）の記載が必要となりますので御注意ください。

2 純資産価額方式

純資産価額方式は、課税時期における各資産および負債を「相続税評価額」によって評価し、評価差額（含み益）に対する法人税等を差し引いた純資産を発行済株式数で除して１株当たりの株式の価額を評価する方法です。

$$\text{1株当たりの純資産価額} = \frac{\text{相続税評価額による総資産の価額} - \text{相続税評価額による負債の価額} - \text{評価差額の法人税等相当額（※）}}{\text{発行済株式数}}$$

（※）相続税評価額と帳簿価額による純資産価額の差額の 37 %相当額（マイナスの場合ゼロ）

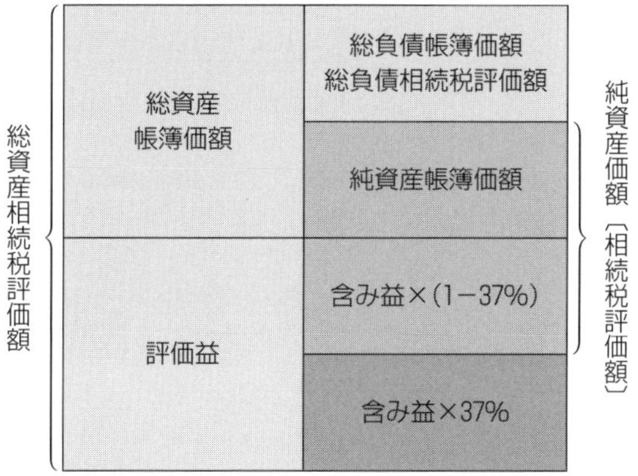

１株当たりの純資産価額（相続税評価額によって計算した金額）の計算を行う場合の「発行済株式数」は、直前期末ではなく、課税時期における発行済株式数であることに留意が必要です。また、自己株式を有している場合には、その自己株式の数を控除した株式数となります。

純資産価額の資産の部の帳簿価額は、法人税法上の帳簿価額となりますので、貸借対照表に別表５(1)の調整項目を加減することとなります。したがって、貸借対照表や勘定科目内訳書からその内容を確認し、別表５(1)の調整項目を加減することにより評価します。

なお、貸借対照表に計上されていなくても、相続税法上の時価があるもの、例えば、法人税法上全額損金算入の保険は帳簿価額がゼロですが、解約返戻金があるものなどはきちんと評価する必要があります。

貸借対照表

貸借対照表

令和 3年 3月31日　現在

株式会社山田商事　　　　(単位：　円)

資産の部		負債の部	
科目	金額	科目	金額
【流動資産】	149,700,000	【流動負債】	25,000,000
現金及び預金	100,000,000	買掛金	25,000,000
売掛金	50,000,000	負債の部合計	25,000,000
貸倒引当金	△300,000	純資産の部	
【固定資産】	300,000	【株主資本】	125,000,000
【有形固定資産】	300,000	資本金	11,000,000
車両運搬具	5,000,000	利益剰余金	115,000,000
減価償却累計額	△4,700,000	その他利益剰余金	115,000,000
		繰越利益剰余金	115,000,000
		自己株式	△1,000,000
		純資産の部合計	125,000,000
資産の部合計	150,000,000	負債及び純資産合計	150,000,000

法人税申告書別表５（1）

別表五(一)　平三十・四・一以後終了事業年度分

利益積立金額及び資本金等の額の計算に関する明細書

事業年度	30・4・1 31・3・31	法人名	株式会社山田商事

Ⅰ　利益積立金額の計算に関する明細書

区分		期首現在利益積立金額 ①	当期の増減 減 ②	当期の増減 増 ③	差引翌期首現在利益積立金額 ①−②＋③ ④
利益準備金	1	円	円	円	円
積立金	2				
	3				
	4				
借地権	5	10,000,000			10,000,000
	6				
	7				
	8				
	9				
	10				
	11				
	12				
	13				
	14				
	15				
	16				
	17				
	18				
	19				
	20				
	21				
	22				
	23				
	24				
	25				
繰越損益金（損は赤）	26			115,000,000	115,000,000
納税充当金	27				
未納法人税等（退職年金等積立金に対するものを除く。） 未納法人税及び未納地方法人税（附帯税を除く。）	28	△	△	中間 △ 確定 △	△
未納法人税等 未納道府県民税（均等割額を含む。）	29	△	△	中間 △ 確定 △	△
未納法人税等 未納市町村民税（均等割額を含む。）	30	△	△	中間 △ 確定 △	△
差引合計額	31			115,000,000	125,000,000

Ⅱ　資本金等の額の計算に関する明細書

区分		期首現在資本金等の額 ①	当期の増減 減 ②	当期の増減 増 ③	差引翌期首現在資本金等の額 ①−②＋③ ④
資本金又は出資金	32	11,000,000円	円	円	11,000,000円
資本準備金	33				
自己株式	34	△1,000,000			△1,000,000
	35				
差引合計額	36	10,000,000			10,000,000

御注意

1　この表は、通常の場合には次の算式により検算ができます。
期首現在利益積立金額合計「31」① ＋ 別表四留保所得金額又は欠損金額「49」 − 中間分、確定分法人税県市民税の合計額
＝ 差引翌期首現在利益積立金額合計「31」④

2　発行済株式又は出資のうちに二以上の種類の株式がある場合には、法人税法施行規則別表五(一)付表（別表五(一)付表）の記載が必要となりますので御注意ください。

法　0301−0501

【評価明細書第５表の記入例】

（取引相場のない株式（出資）の評価明細書）

第5表　1株当たりの純資産価額（相続税評価額）の計算明細書　　会社名 株式会社山田商事

（平成三十年一月一日以降用）

1. 資 産 及 び 負 債 の 金 額 （課税時期現在）

資産の部				負債の部			
科目	相続税評価額	帳簿価額	備考	科目	相続税評価額	帳簿価額	備考
現金及び預金	100,000 千円	100,000 千円		買掛金	25,000 千円	25,000 千円	
売掛金	50,000	50,000					
車両	300	300					
借地権	30,000	10,000	← 別表5(1)より				
保険積立金	10,000	0					
合計	① 190,300	② 160,300		合計	③ 25,000	④ 25,000	
株式等の価額の合計額	㋑ 0	㋺ 0					
土地等の価額の合計額	㋩ 0						
現物出資等受入れ資産の価額の合計額	㋥	㋭					

2. 評価差額に対する法人税額等相当額の計算		3. 1株当たりの純資産価額の計算	
相続税評価額による純資産価額 （①－③）	⑤ 165,300 千円	課税時期現在の純資産価額 （相続税評価額） （⑤－⑧）	⑨ 153,900 千円
帳簿価額による純資産価額 ((②＋(㋥－㋭)－④)、マイナスの場合は0)	⑥ 135,300 千円	課税時期現在の発行済株式数 ((第１表の1の①)－自己株式数)	⑩ 200,000 株
評価差額に相当する金額 (⑤－⑥、マイナスの場合は0)	⑦ 30,000 千円	課税時期現在の１株当たりの純資産価額 （相続税評価額） （⑨÷⑩）	⑪ 769 円
評価差額に対する法人税額等相当額 （⑦× 37 %）	⑧ 11,100 千円	同族株主等の議決権割合（第１表の1の⑤の割合）が50%以下の場合 （⑪×80%）	⑫ 円

1　現金・預貯金等の資料

直前期末の残高については、すでに決算時に直前期末の残高が正しく計上されていますので、貸借対照表の金額を計上します。

なお、預貯金の価額は、課税時期における預入高と、同時期現在において解約するとした場合に既経過利子の額として支払いを受けることができる金額から当該金額につき源泉徴収されるべき所得税の額に相当する金額を控除した金額との合計額によって評価します。定期預金、定期郵便貯金および定額郵便貯金以外の預貯金については、課税時期現在の既経過利子の額が少額なものに限り、同時期現在の預入高によって評価しますが、実務上評価明細が千円未満切捨てのこともあり、評価額に及ぼす影響が少ない場合には、既経過利子を考慮しないこともあります。

2　貸付金債権等

貸付金・売掛金・未収入金・預貯金以外の預け金・仮払金・その他これらに類するもの（以下「貸付金債権等」といいます）の価額は、次に掲げる元本の価額と利息の価額との合計額によって評価します。

(1)　貸付金債権等の元本の価額は、その返済されるべき金額
(2)　貸付金債権等に係る利息の価額は、課税時期現在の既経過利息として支払いを受けるべき金額

なお、貸付金債権等の評価を行う場合において、その債権金額の全部または一部が、課税時期において次に掲げる金額に該当するときその他その回収が不可能または著しく困難であると見込まれるときにおいては、それらの金額は元本の価額に算入しないことになります。

(1)　債務者について次に掲げる事実が発生している場合におけるその債務者に対して有する貸付金債権等の金額（その金額のうち、質権及び抵当権によって担保されている部分の金額を除く）
イ　手形交換所（これに準ずる機関を含む）において取引停止処分を受けたとき
ロ　会社更生法（平成14年法律第154号）の規定による更生手続開始の決定があった

とき

ハ　民事再生法（平成11年法律第225号）の規定による再生手続開始の決定があったとき

ニ　会社法の規定による特別清算開始の命令があったとき

ホ　破産法（平成16年法律第75号）の規定による破産手続開始の決定があったとき

ヘ　業況不振のためまたはその営む事業について重大な損失を受けたため、その事業を廃止しまたは6か月以上休業しているとき

(2)　更生計画認可の決定、再生計画認可の決定、特別清算に係る協定の認可の決定または法律の定める整理手続によらないいわゆる債権者集会の協議により、債権の切捨て、棚上げ、年賦償還等の決定があった場合において、これらの決定のあった日現在におけるその債務者に対して有する債権のうち、その決定により切り捨てられる部分の債権の金額及び次に掲げる金額

イ　弁済までの据置期間が決定後5年を超える場合におけるその債権の金額

ロ　年賦償還等の決定により割賦弁済されることとなった債権の金額のうち、課税時期後5年を経過した日後に弁済されることとなる部分の金額

(3)　当事者間の契約により債権の切捨て、棚上げ、年賦償還等が行われた場合において、それが金融機関のあっせんに基づくものであるなど真正に成立したものと認めるものであるときにおけるその債権の金額のうち（2）に掲げる金額に準ずる金額

仮払金は、資産性の有無により計上するかしないかが分かれます（費用計上されるものではなく資産とされるものを計上）ので、内訳書や総勘定元帳からその内容を確認していきます。

3　手取手形の評価

支払期限の到来している受取手形等又は課税時期から6か月を経過する日までの間に支払期限の到来する受取手形等の価額は、その券面額によって評価します。したがって、内訳書などから支払期限を確認します。それ以外の受取手形等については、課税時期において銀行等の金融機関において割引を行った場合に回収し得ると認められる金額によって評価します。

4　商品

棚卸商品等の評価は、原則として、それぞれ次に掲げるところにより評価します。

ただし、個々の価額を算定しがたい棚卸商品等の評価は、その会社が所得の金額の計算上選定している方法によることができます。内訳書や在庫表により確認します。

(1)　商品の価額は、その商品の販売業者が課税時期において販売する場合の価額から、その価額のうちに含まれる販売業者に帰属すべき適正利潤の額、課税時期後販売までにその販売業者が負担すると認められる経費（以下「予定経費」という）の額およびその販売業者がその商品につき納付すべき消費税額（地方消費税額を含む。以下同じ。）を控除した金額によって評価します。

(2)　原材料の価額は、その原材料を使用する製造業者が課税時期においてこれを購入する場合の仕入価額に、その原材料の引取り等に要する運賃その他の経費の額を加算した金額によって評価します。

(3)　半製品および仕掛品の価額は、製造業者がその半製品または仕掛品の原材料を課税時期において購入する場合における仕入価額に、その原材料の引取り、加工等に要する運賃、加工費その他の経費の額を加算した金額によって評価します。

(4)　製品および生産品の価額は、製造業者または生産業者が課税時期においてこれを販売する場合における販売価額から、その販売価額のうちに含まれる適正利潤の額、予定経費の額およびその製造業者がその製品につき納付すべき消費税額を控除した金額によって評価します。

5　固定資産

(1) 機械装置・器具備品・車両運搬具などの一般動産

一般動産の価額は、原則として、売買実例価額、精通者意見価格等を参酌して評価します。ただし、売買実例価額、精通者意見価格等が明らかでない動産については、その動産と同種および同規格の新品の課税時期における小売価額から、その動産の製造の時から課税時期までの期間（その期間に１年未満の端数があるときは、その端数は１年とします）の償却費の額の合計額または減価の額を控除した金額によって評価します。この場合の償却方法は定率法となります。したがって、償却不足額がないかなどを固定資産台帳や別表で確認します。

なお、償却不足額は打ち切られるため、固定資産台帳でも把握できない可能性があります。この場合には会社に過去の償却状況をヒアリングし再度計算する必要があります。

資産別減価償却明細表

9999997 株式会社山田商事

自 令和 2年 4月 1日
至 令和 3年 3月 31日

物件名称	数量	償却 方法	取得 使用	耐用年数	償却率	期間	取得価額	普通償却繰越過不足 特別償却繰越不足	期首圧縮記帳額 期首帳簿価額	当期増加額 当期減少額
【　車両運搬具　】										
1 - 00 車両		定率	H31. 1 H31. 1	2	1.000	12	5,000,000			5,000,000
※ 資 産 計 ※　車両運搬具							5,000,000			5,000,000
※ 合 計 ※							5,000,000			5,000,000

定率法調整前償却額 定率法償却保証額	普通償却額 増加償却額	特別償却額 割増償却額	当期償却額 当期償却限度額	当期償却過不足額 当期減損損失額	期末圧縮記帳額 期末帳簿価額	(減損損失累計額) 期末償却累計額	普通償却過不足額 特別償却過不足額	備考
4,999,999	4,700,000		4,700,000 4,999,999	299,999	300,000	4,700,000	299,999	
4,999,999	4,700,000		4,700,000 4,999,999	299,999	300,000	4,700,000	299,999	
4,999,999	4,700,000		4,700,000 4,999,999	299,999	300,000	4,700,000	299,999	

法人税申告書別表 16（2）

① 旧定率法又は定率法による減価償却資産の償却額の計算に関する明細書

事業年度又は連結事業年度	2・4・1 3・3・31	法人名	株式会社山田商事

別表十六(二)　平三十一・四・一以後終了事業年度又は連結事業年度分

資産区分	種類	1	車両運搬具				
資産区分	構造	2					
資産区分	細目	3	車両				
資産区分	取得年月日	4	令和 2年4月1日				
資産区分	事業の用に供した年月	5	令和 2年4月				
資産区分	耐用年数	6	2 年	年	年	年	年
取得価額	取得価額又は製作価額	7	外 5,000,000 円	外 円	外 円	外 円	外 円
取得価額	圧縮記帳による積立金計上額	8					
取得価額	差引取得価額 (7)－(8)	9	5,000,000				
償却額計算の基礎となる額	償却額計算の対象となる期末現在の帳簿記載金額	10	300,000				
償却額計算の基礎となる額	期末現在の積立金の額	11					
償却額計算の基礎となる額	積立金の期中取崩額	12					
償却額計算の基礎となる額	差引帳簿記載金額 (10)－(11)－(12)	13	外△ 300,000	外△	外△	外△	外△
償却額計算の基礎となる額	損金に計上した当期償却額	14	4,700,000				
償却額計算の基礎となる額	前期から繰り越した償却超過額	15	外	外	外	外	外
償却額計算の基礎となる額	合計 (13)＋(14)＋(15)	16	5,000,000				
償却額計算の基礎となる額	前期から繰り越した特別償却不足額又は合併等特別償却不足額	17					
償却額計算の基礎となる額	償却額計算の基礎となる金額 (16)－(17)	18	5,000,000				
当期分の普通償却限度額等（平成19年3月31日以前取得分）	差引取得価額×5％ (9)×5/100	19					
当期分の普通償却限度額等（平成19年3月31日以前取得分）	旧定率法の償却率	20					
当期分の普通償却限度額等（平成19年3月31日以前取得分）(16)＞(19)の場合	算出償却額 (18)×(20)	21	円	円	円	円	円
当期分の普通償却限度額等（平成19年3月31日以前取得分）(16)＞(19)の場合	増加償却額 (21)×割増率	22	(　)	(　)	(　)	(　)	(　)
当期分の普通償却限度額等（平成19年3月31日以前取得分）(16)＞(19)の場合	計 ((21)＋(22))又は((18)－(19))	23					
当期分の普通償却限度額等（平成19年3月31日以前取得分）(16)≦(19)の場合	算出償却額 ((19)－1円)×12/60	24					
当期分の普通償却限度額等（平成19年4月1日以後取得分）	定率法の償却率	25	1.000				
当期分の普通償却限度額等（平成19年4月1日以後取得分）	調整前償却額 (18)×(25)	26	4,999,999 円	円	円	円	円
当期分の普通償却限度額等（平成19年4月1日以後取得分）	保証率	27					
当期分の普通償却限度額等（平成19年4月1日以後取得分）	償却保証額 (9)×(27)	28	円	円	円	円	円
当期分の普通償却限度額等（平成19年4月1日以後取得分）(26)＜(28)の場合	改定取得価額	29					
当期分の普通償却限度額等（平成19年4月1日以後取得分）(26)＜(28)の場合	改定償却率	30					
当期分の普通償却限度額等（平成19年4月1日以後取得分）(26)＜(28)の場合	改定償却額 (29)×(30)	31	円	円	円	円	円
当期分の普通償却限度額等（平成19年4月1日以後取得分）	増加償却額 ((26)又は(31))×割増率	32	(　)	(　)	(　)	(　)	(　)
当期分の普通償却限度額等（平成19年4月1日以後取得分）	計 ((26)又は(31))＋(32)	33	4,999,999				
当期分の償却限度額	当期分の普通償却限度額等 (23)、(24)又は(33)	34	4,999,999				
当期分の償却限度額（特別償却又は割増償却による特別償却限度額）	租税特別措置法適用条項	35	条　項 (　)	条　項 (　)	条　項 (　)	条　項 (　)	条　項 (　)
当期分の償却限度額（特別償却又は割増償却による特別償却限度額）	特別償却限度額	36	外 円	外 円	外 円	外 円	外 円
当期分の償却限度額	前期から繰り越した特別償却不足額又は合併等特別償却不足額	37					
当期分の償却限度額	合計 (34)＋(36)＋(37)	38	4,999,999				
当期償却額	当期償却額	39	4,700,000				
差引	償却不足額 (38)－(39)	40	299,999				
差引	償却超過額 (39)－(38)	41					
償却超過額	前期からの繰越額	42	外	外	外	外	外
償却超過額（当期損金認容額）	償却不足によるもの	43					
償却超過額（当期損金認容額）	積立金取崩しによるもの	44					
償却超過額	差引合計翌期への繰越額 (41)＋(42)－(43)－(44)	45					
特別償却不足額	翌期に繰り越すべき特別償却不足額 (((40)－(43))と((36)＋(37))のうち少ない金額)	46					
特別償却不足額	当期において切り捨てる特別償却不足額又は合併等特別償却不足額	47					
特別償却不足額	差引翌期への繰越額 (46)－(47)	48					
特別償却不足額（翌期への繰越額の内訳）	：　：	49					
特別償却不足額（翌期への繰越額の内訳）	当期分不足額	50					
	適格組織再編成により引き継ぐべき合併等特別償却不足額 (((40)－(43))と(36)のうち少ない金額)	51					
備考							

法　0301－1602

御注意

1　この表には、減価償却資産の耐用年数、種類等及び償却方法の異なるごとにまとめて別行にして、その合計額を記載できますが、(1)平成19年4月1日以後に取得をされた資産で定率法の適用を受けるもの、(2)当期の中途で事業の用に供した資産又は資本的支出、(3)租税特別措置法による特別償却の規定の適用を受ける資産については、他の資産と区別して別行にして、記載してください。なお、(1)及び(2)の資産（(3)の資産に該当するものを除きます。）の「38」欄の金額については、耐用年数、種類等及び償却方法を同じくする他の資産の金額と通算して「40」欄及び「41」欄の金額を記載できます。

2　租税特別措置法による特別償却の規定の適用を受ける場合には、「特別償却限度額の計算に関する付表」を添付してください。

(2) 特別償却している固定資産の取扱い

特別償却した場合の固定資産の評価は、即時償却などにより、たとえ帳簿価額がゼロだとしても、一般動産のため特別償却しなかった場合の減価償却計算をし直さなければなりません。そのため、固定資産台帳や法人税申告書別表16関係および特別償却の付表、ヒアリングから過去の特別償却の有無を確認します。

なお、評価明細書第５表への記載は、相続税評価額には、計算し直した相続税評価額を記載し、帳簿価額は１円（法人税法上の帳簿価額）となります。

資産別減価償却明細表

9999997 株式会社山田商事

自 令和 2年 4月 1日
至 令和 3年 3月 31日

物件名称	数量	償却方法	取得 使用	耐用年数	償却率	期間	取得価額	普通償却繰越過不足 特別償却繰越不足	期首圧縮記帳額 期首帳簿価額	当期増加額 当期減少額	定額法改定計算基礎額 定率法改定取得価額
【 機械装置 】											
1 - 00 ○○設備		定率	H31. 4 H31. 4	9	0.222	12	3,000,000			3,000,000	
※ 資 産 計 ※ 機械装置							3,000,000			3,000,000	
※ 合 計 ※							3,000,000			3,000,000	

定率法調整前償却額 定率法償却保証額	普通償却額 増加償却額	特別償却額 割増償却額	当期償却額 当期償却限度額	当期償却過不足額 当期減損損失額	期末圧縮記帳額 期末帳簿価額	(減損損失累計額) 期末償却累計額	普通償却過不足額 特別償却過不足額	備考
666,000 213,780	666,000	900,000	1,566,000 1,566,000		1,434,000	1,566,000		保証率 0.07126
666,000 213,780	666,000	900,000	1,566,000 1,566,000		1,434,000	1,566,000		
666,000 213,780	666,000	900,000	1,566,000 1,566,000		1,434,000	1,566,000		

中小企業者等又は中小連結法人が取得した機械等の特別償却の償却限度額の計算に関する付表（措法42の６①、68の11①）

事業年度又は連結事業年度	2・4・1 3・3・31	法人名	株式会社 山田商事 （　　　）

特定機械装置等の区分	1	(42条の６第１項) 68条の11第１項 （1）号	42条の６第１項 68条の11第１項 （　）号	42条の６第１項 68条の11第１項 （　）号
事業の種類	2	運送業		
（機械・装置の耐用年数表の番号） 対象資産の種類等	3	（　1　） 機械装置	（　　　）	（　　　）
対象資産の名称	4	○○設備		
設置した工場、事業所等の名称	5	東京工場		
取得等年月日	6	31・4・10	・　・	・　・
事業の用に供した年月日	7	31・4・10	・　・	・　・
購入先	8	（株）山田商店		
取得価額	9	3,000,000 円	円	円
基準取得価額割合	10	75又は(100)／100	75又は100／100	75又は100／100
基準取得価額 (9)×(10)	11	3,000,000 円	円	円
特別償却率	12	30／100	30／100	30／100
特別償却限度額 (11)×(12)	13	900,000 円	円	円
償却・準備金方式の区分	14	(償却)・準備金	償却・準備金	償却・準備金
適用要件等：国際標準化機構及び国際電気標準会議の規格15408に基づく評価及び認証の有無	15	有・無	有・無	有・無
適用要件等：当期における特定の工具又は特定のソフトウエアの取得価額の合計額	16	円	円	円
適用要件等：その他参考となる事項	17			

中小企業者又は中小連結法人の判定

項目			大規模法人の株式数等の明細	順位	大規模法人名		株式数又は出資金の額
発行済株式又は出資の総数又は総額	18	内					
常時使用する従業員の数	19	人		1		24	
大規模法人の保有する株式数等の割合：第１順位の株式数又は出資金の額 (24)	20					25	
大規模法人の保有する株式数等の割合：保有割合 (20)／(18)	21	%				26	
大規模法人の保有する株式数等の割合：大規模法人の保有する株式数等の計 (28)	22					27	
大規模法人の保有する株式数等の割合：保有割合 (22)／(18)	23	%		計 (24)＋(25)＋(26)＋(27)		28	

特別償却の付表（三）　平三十一・四・一以後終了事業年度又は連結事業年度分

6 不動産

純資産価額の計算の中でもっとも大きな影響を及ぼすものが不動産の評価です。

会社がどのような不動産を所有または賃貸・賃借しているのかを確認する必要があります。不動産の評価は、①机上調査、②現地調査、③役所調査、④評価という流れになります。

まず、会社の直近の貸借対照表、固定資産台帳、勘定科目内訳明細書、固定資産税課税明細書から不動産の保有を把握します。また、勘定科目内訳明細書では、地代支払の有無を確認し借地権の計上を検討します。

(1) 貸借対照表

貸借対照表では、会社が保有している土地や建物の有無を確認します。

貸借対照表

貸借対照表

令和 3年 3月31日 現在

株式会社山田商事

(単位： 円)

資産の部		負債の部	
科目	金額	科目	金額
【流動資産】	149,700,000	【流動負債】	25,000,000
現金及び預金	100,000,000	買掛金	25,000,000
売掛金	50,000,000	負債の部合計	25,000,000
貸倒引当金	△300,000	純資産の部	
【固定資産】	155,000,000	【株主資本】	279,700,000
【有形固定資産】	150,000,000	資本金	11,000,000
建物	50,000,000	利益剰余金	269,700,000
土地	100,000,000	利益準備金	2,500,000
【無形固定資産】	5,000,000	その他利益剰余金	267,200,000
借地権	5,000,000	繰越利益剰余金	267,200,000
		自己株式	△1,000,000
		純資産の部合計	279,700,000
資産の部合計	304,700,000	負債及び純資産合計	304,700,000

(2) 固定資産台帳

固定資産台帳では、建物などに資本的支出がある場合、既存資産とは別に、新規取得資産として減価償却を行っていることがよく見受けられますが、固定資産税の計算のうえでの固定資産税課税標準額は上がらないことが多く、その場合であってもその金額の70%を計上する必要があります。

資産別減価償却明細表

9999997 株式会社山田商事

自 令和 2年 4月 1日
至 令和 3年 3月 31日

物件名称	数量	償却 方法	取得 使用	耐用年数	償却 率	期間	取得価額	普通償却繰越過不足 特別償却繰越不足	期首圧縮記帳額 期首帳簿価額	当期増加額 当期減少額	定額法改定計算基礎額 定率法改定取得価額
【　建物（定額）　】											
1 - 00 本社（資本的支出）		定額	H31. 1 H31. 1	47	0.022	12	10,000,000			10,000,000	
※資産計※　建物（定額）							10,000,000			10,000,000	
※合計※							10,000,000			10,000,000	

定率法調整前償却額 定率法償却保証額	普通償却額 増加償却額	特別償却額 割増償却額	当期償却額 当期償却限度額	当期償却過不足額 当期減損損失額	期末圧縮記帳額 期末帳簿価額	(減損損失累計額) 期末償却累計額	普通償却過不足額 特別償却過不足額	備考
	220,000	3,000,000	3,220,000 3,220,000		6,780,000	3,220,000		
	220,000	3,000,000	3,220,000 3,220,000		6,780,000	3,220,000		
	220,000	3,000,000	3,220,000 3,220,000		6,780,000	3,220,000		

(3) 固定資産税課税明細書（固定資産税評価証明書）

固定資産税評価額とは、固定資産課税台帳に記載された固定資産税の基準となる土地・建物の評価額のことをいいます。

固定資産税は毎年1月1日現在の土地・建物の所有者に課税される税金です。固定資産税評価額は市区町村が決定し、3年ごとにその評価額は見直されることとなっており、公示価格の7割程度がその目安となっています。固定資産税評価額は、財産評価で使用するほか、不動産取得税などの計算でも使用します。

この固定資産税評価額は、市区町村から通知される固定資産税の「納税通知書」に記載されている「課税明細書」や、固定資産税評価証明書で確認することができます。

固定資産税課税明細書（家屋）

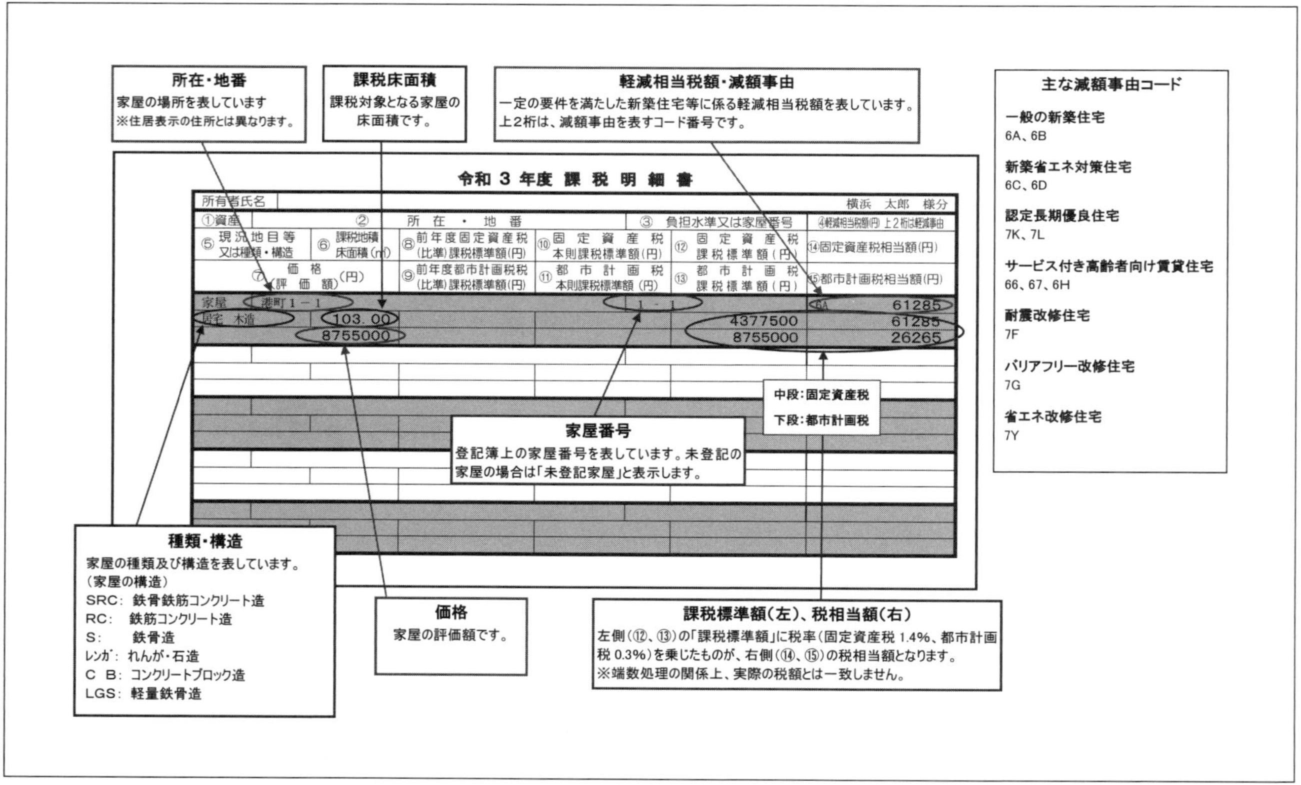

（横浜市ホームページ）

固定資産税課税明細書（土地）

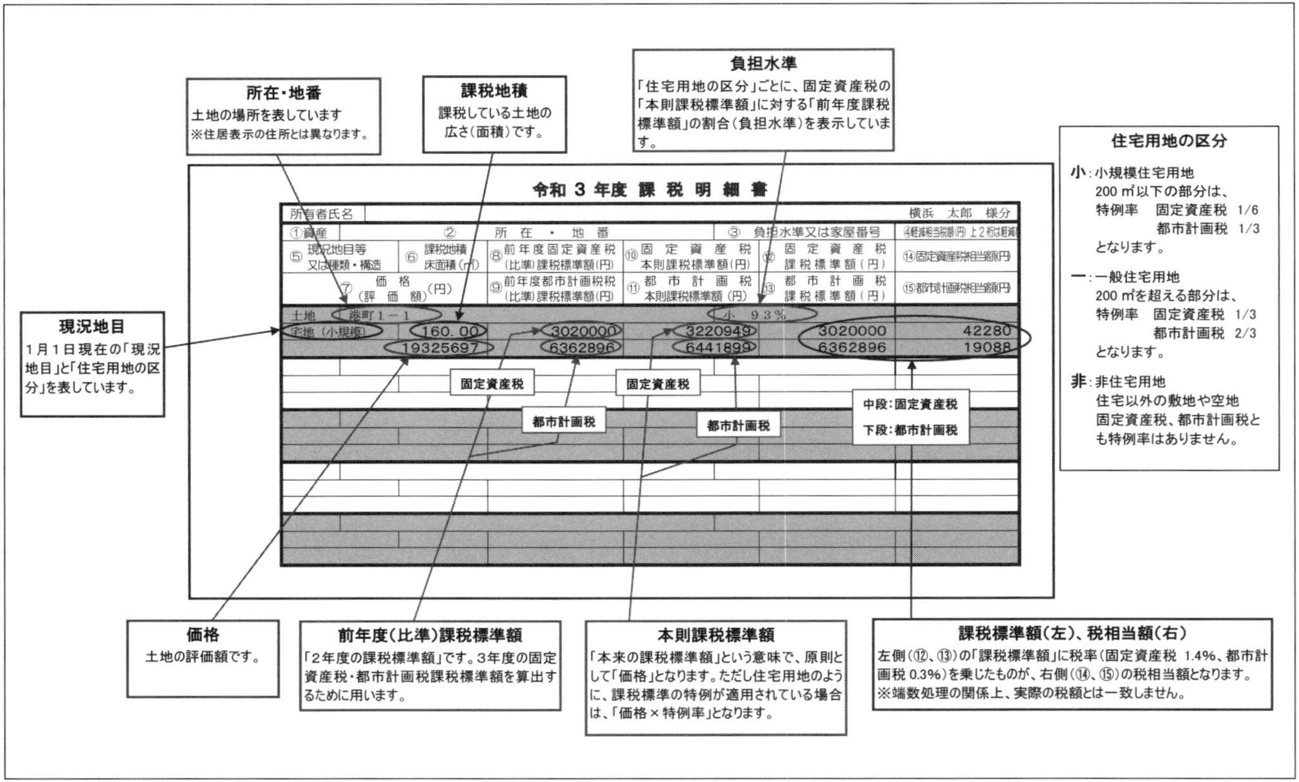

（横浜市ホームページ）

(4) 登記事項証明書

(1)～(3) で、法人が不動産を所有していることが確認ができたら、登記事項証明書（登記簿謄本）を取得します。

不動産登記簿は土地・建物に関する所在・面積、所有者の住所・氏名、その物件の権利関係等が記載されていて、登記事項証明書とはその写しのことをいいます。登記事項証明書には、全部事項証明書、現在事項証明書、何区何番事項証明書、登記事項要約書があります。

全部事項証明書は、抹消された事項を含めて現在までのすべてが記載され、登記の履歴が記載してありますので、多くの情報を入手するため、全部事項証明書を取得します。

登記記録は、1筆（1区画）の土地または1個の建物ごとに表題部と権利部に区分して作成されています。さらに、権利部は甲区と乙区に区分され、甲区には所有権に関する登記の登記事項が、乙区には所有権以外の権利に関する登記の登記事項がそれぞれ記録されています。

土地登記簿謄本

様式例・1

表 題 部 （土地の表示）	調製	余 白	不動産番号	0000000000000
地図番号	余 白	筆界特定	余 白	
所 在	特別区南都町一丁目		余 白	

① 地 番	②地 目	③ 地 積 ㎡	原因及びその日付〔登記の日付〕
101番	宅地	300 00	不詳 〔平成20年10月14日〕
所 有 者	特別区南都町一丁目1番1号 甲 野 太 郎		

権 利 部 （ 甲 区 ） （所 有 権 に 関 す る 事 項）			
順位番号	登 記 の 目 的	受付年月日・受付番号	権 利 者 そ の 他 の 事 項
1	所有権保存	平成20年10月15日 第637号	所有者 特別区南都町一丁目1番1号 甲 野 太 郎
2	所有権移転	平成20年10月27日 第718号	原因 平成20年10月26日売買 所有者 特別区南都町一丁目5番5号 法 務 五 郎

権 利 部 （ 乙 区 ） （所 有 権 以 外 の 権 利 に 関 す る 事 項）			
順位番号	登 記 の 目 的	受付年月日・受付番号	権 利 者 そ の 他 の 事 項
1	抵当権設定	平成20年11月12日 第807号	原因 平成20年11月4日金銭消費貸借同日設定 債権額 金4，000万円 利息 年2・60％（年365日日割計算） 損害金 年14・5％（年365日日割計算） 債務者 特別区南都町一丁目5番5号 法 務 五 郎 抵当権者 特別区北都町三丁目3番3号 株 式 会 社 南 北 銀 行 （取扱店 南都支店） 共同担保 目録(あ)第2340号

共 同 担 保 目 録			
記号及び番号	(あ)第2340号	調製	平成20年11月12日
番 号	担保の目的である権利の表示	順位番号	予 備
1	特別区南都町一丁目 101番の土地	1	余 白
2	特別区南都町一丁目 101番地 家屋番号 101番の建物	1	余 白

これは登記記録に記録されている事項の全部を証明した書面である。

平成21年3月27日
関東法務局特別出張所 登記官 法 務 八 郎 みほん 電子公印

＊ 下線のあるものは抹消事項であることを示す。 整理番号 D23992 （ 1／1 ） 1／1

（法務省ホームページ）

建物登記簿謄本

様式例・2

表　題　部　（主である建物の表示）	調製	余白	不動産番号	０００００００００００００
所在図番号	余白			
所　　在	特別区南部町一丁目　１０１番地		余白	
家屋番号	１０１番		余白	

①種類	②構造	③床面積　㎡	原因及びその日付〔登記の日付〕
居宅	木造かわらぶき２階建	１階　８０　００ ２階　７０　００	平成２０年１１月１日新築 〔平成２０年１１月１２日〕

表　題　部　（附属建物の表示）

符号	①種類	②構造	③床面積　㎡	原因及びその日付〔登記の日付〕
１	物置	木造かわらぶき平家建	３０　００	〔平成２０年１１月１２日〕

所　有　者	特別区南部町一丁目５番５号　法　務　五　郎

権　利　部（甲　区）（所有権に関する事項）

順位番号	登記の目的	受付年月日・受付番号	権利者その他の事項
１	所有権保存	平成２０年１１月１２日 第８０６号	所有者　特別区南部町一丁目５番５号 法　務　五　郎

権　利　部（乙　区）（所有権以外の権利に関する事項）

順位番号	登記の目的	受付年月日・受付番号	権利者その他の事項
１	抵当権設定	平成２０年１１月１２日 第８０７号	原因　平成２０年１１月４日金銭消費貸借同日設定 債権額　金４，０００万円 利息　年２・６０％（年３６５日日割計算） 損害金　年１４・５％（年３６５日日割計算） 債務者　特別区南部町一丁目５番５号 法　務　五　郎 抵当権者　特別区北都町三丁目３番３号 株　式　会　社　南　北　銀　行 （取扱店　南都支店） 共同担保　目録(あ)第２３４０号

共　同　担　保　目　録

記号及び番号	(あ)第２３４０号	調製	平成２０年１１月１２日

番号	担保の目的である権利の表示	順位番号	予　　備
１	特別区南部町一丁目　１０１番の土地	１	余白
２	特別区南部町一丁目　１０１番地　家屋番号　１０１番の建物	１	余白

＊　下線のあるものは抹消事項であることを示す。　　整理番号　Ｄ２３９９０　（　２／２　）　　１／２

（法務省ホームページ）

建物区分登記簿謄本

様式例・3

専有部分の家屋番号	3－1－101　3－1－102　3－1－201　3－1－202		
表題部（一棟の建物の表示）	調製　余白		所在図番号　余白
所在	特別区南都町一丁目　3番地1		余白
建物の名称	ひばりが丘一号館		余白

①構造	②床面積 ㎡		原因及びその日付〔登記の日付〕
鉄筋コンクリート造陸屋根2階建	1階　300 2階　300	60 40	〔平成20年11月11日〕

表題部（敷地権の目的である土地の表示）

①土地の符号	②所在及び地番	③地目	④地積 ㎡		登記の日付
1	特別区南都町一丁目3番1	宅地	350	76	平成20年11月11日

表題部（専有部分の建物の表示）		不動産番号	0000000000000
家屋番号	特別区南都町一丁目　3番1の101	余白	
建物の名称	R10	余白	

①種類	②構造	③床面積 ㎡		原因及びその日付〔登記の日付〕
居宅	鉄筋コンクリート造1階建	1階部分　150	42	平成20年11月7日新築 〔平成20年11月11日〕

表題部（敷地権の表示）

①土地の符号	②敷地権の種類	③敷地権の割合	原因及びその日付〔登記の日付〕
1	所有権	4分の1	平成20年11月7日敷地権 〔平成20年11月11日〕
所有者	特別区東都町一丁目2番3号　株式会社甲不動産		

権利部（甲区）（所有権に関する事項）

順位番号	登記の目的	受付年月日・受付番号	権利者その他の事項
1	所有権保存	平成20年11月12日 第771号	原因　平成20年11月11日売買 所有者　特別区南都町一丁目1番1号 甲野一郎

権利部（乙区）（所有権以外の権利に関する事項）

順位番号	登記の目的	受付年月日・受付番号	権利者その他の事項
1	抵当権設定	平成20年11月12日 第772号	原因　平成20年11月12日金銭消費貸借同日設定 債権額　金4，000万円 利息　年2・60％（年365日日割計算） 損害金　年14・5％（年365日日割計算） 債務者　特別区南都町一丁目1番1号 甲野一郎 抵当権者　特別区北都町三丁目3番3号

＊　下線のあるものは抹消事項であることを示す。　　整理番号　D23991　（1／1）　　1／2

（法務省ホームページ）

① 表題部の記録事項

土地…所在、地番、地目（土地の現況)、地積（土地の面積）など
建物…所在、地番、家屋番号、種類、構造、床面積など（表題部にする登記を「表示に関する登記」といいます）

マンションなどの区分建物については、その建物の敷地に関する権利（敷地権）が記録される場合があります。この敷地権についての権利関係は、区分建物の甲区、乙区の登記によって公示されます。

② 権利部（甲区）の記録事項

所有者に関する事項が記録されています。その所有者は誰で、いつ、どんな原因（売買、相続など）で所有権を取得したかがわかります（所有権移転登記、所有権に関する仮登記、差押え、仮処分など）。

③ 権利部（乙区）の記録事項

抵当権など所有権以外の権利に関する事項が記録されています（抵当権設定、地上権設定、地役権設定など）。

不動産の登記簿謄本を取得するには以下のような方法がありますが、④インターネットですぐに必要な情報が取得できるため、インターネットで取得します。

①法務局（登記所）で取得する。
②法務局（登記所）から郵送で取得する。
③インターネットから利用して請求する（郵送のほか、最寄りの登記所や法務局証明サービスセンターで受取りが可能です)。
④インターネットで閲覧する。

(5) 地図（不動産登記法14条1項に規定される図面)・地図に準ずる図面（公図）

次に、土地の位置や形状を把握するため、地図や公図を確認します。

① 地図（法14条1項）

不動産登記法14条1項の規定によって、登記所に備え付けることとされている地

図で 精度の高い調査・測量の成果に基づいて作成されたものです。

精度が高い地図ですが、備付けが完了していない地域もあります。

② 地図に準ずる図面（法14条4項、いわゆる公図）

①の地図（法14条1項）が備え付けられるまでの間、これに代わって登記所に備え付けることとされている図面で、土地の位置、形状および地番を表示しているものです。

この図面の大部分は、明治時代に作成された旧土地台帳附属地図（いわゆる公図）で、昭和25年以降に税務署から登記所に移管されたものであり、①の地図と比べると、精度が劣っています。

地図は、登記されている土地が、現地のどこにあって（位置）、どのような形をしていて（形状・区画）、隣接している土地の地番は何番かを表すために、一筆または数筆の土地ごとに作成されています。

地図には、下記の情報が記録されています。

(1) 地番区域の名称
(2) 地図（各図郭）の番号
(3) 縮尺
(4) 平面直角座標系の番号または記号
(5) 図郭線およびその座標値
(6) 各土地の区画及び地番
(7) 基本三角点等の位置
(8) 精度区分
(9) 隣接図郭との関係
(10) 作成年月日

地図・公図の取得方法も登記事項証明書と同じですので、インターネットで取得すると便利です。

地図（14条地図）

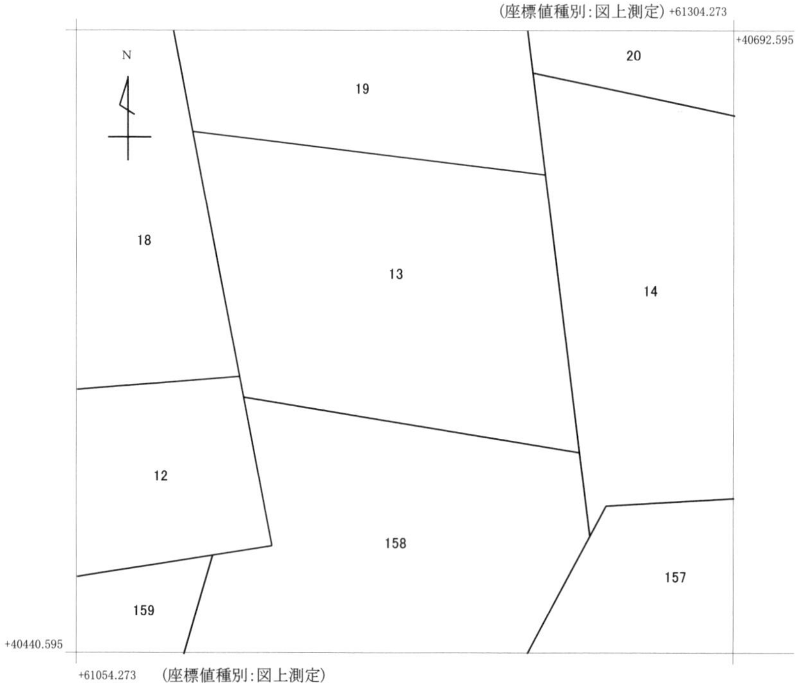

請求部分	所在	何市区郡何町村大字何字何				地番	13番		
出力縮尺	1/500	精度区分	甲二	座標系番号又は記号	IX	分類	地図（法第14条第1項）	種類	法務局作成地図
作成年月日	平成○年○月○日			備付年月日（原図）	平成○年○月○日		補記事項		

これは地図に記録されている内容を証明した書面である。

平成　年　月　日
法務局　出張所
登記官

電子公印

（盛岡地方法務局ホームページ）

(6) 住宅地図

地図の一種で、大縮尺の地図上に建物名称や居住者名、番地などが詳しく表示されています。町名検索により該当エリアの地図を容易に確認でき、定期的に最新情報に更新されています。土地の形や、場所もわかりますので確認が必要です。ゼンリンの住宅地図が有名で、コンビニで受け取ることも可能です。

住宅地図

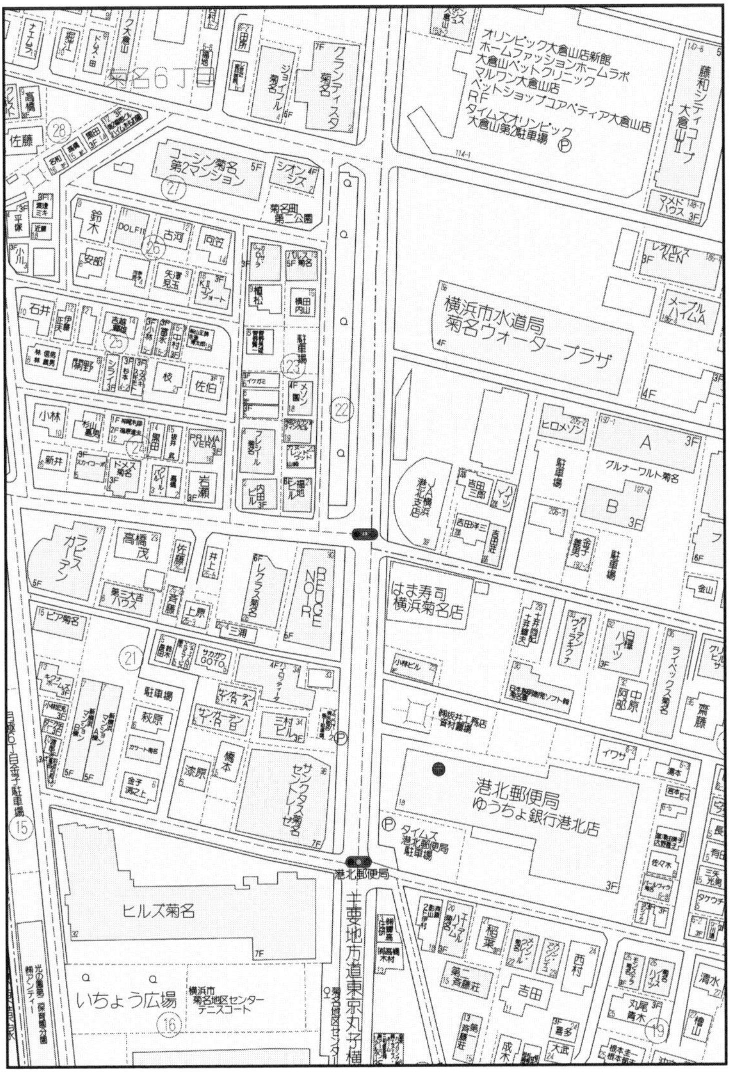

(ゼンリン)

(7) ブルーマップ

地番がわかるように住宅地図に公図の情報を追加した住宅地図が存在します。住宅地図のうえに、公図に基づく公図界、公図番号、地番をブルーで記入されていることからブルーマップと呼ばれています。

都市計画用途地域名、用途地域界、容積率、建ぺい率（一部の地区は日影規制・高度規制）も併記されており、土地を評価する際の情報が記載されています。

ブルーマップ

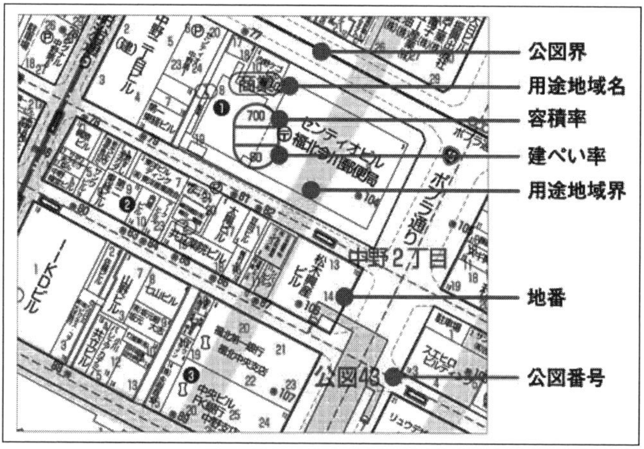

（ゼンリン）

(8) 地積測量図

現在は地図よりも公図が大部分であるため、その地積など、公図は地図に比べて精度的に劣っていると考えられます。そこで、地図がない場合、土地の面積や形、隣地との境界を確認・判断するために活用できるのが地積測量図です。ただし、さまざまな理由により、実際には地積測量図のない土地も数多く存在します。

地積測量図には、下記の３つがあります。

①　隣接しているすべての土地と道路の所有者が立ち会って境界線を確定している境界確認書が添付された「確定測量図」
②　土地の所有者が測量を行った図面で測量図としての正確性はあるが、土地の境界が確定されたものではない「現況測量図」
③　法務局に備え付けられている「地積測量図」

確定測量図以外は正確性が確保されませんが、公図よりも実態に即しているため公図のみしか手元にない場合には入手が必要です。

こちらもインターネットから取得できるので、インターネットから取得した方が便利です。

地積測量図

地番	(前) [redacted]
土地の所在	[redacted]

地　積　測　量　図

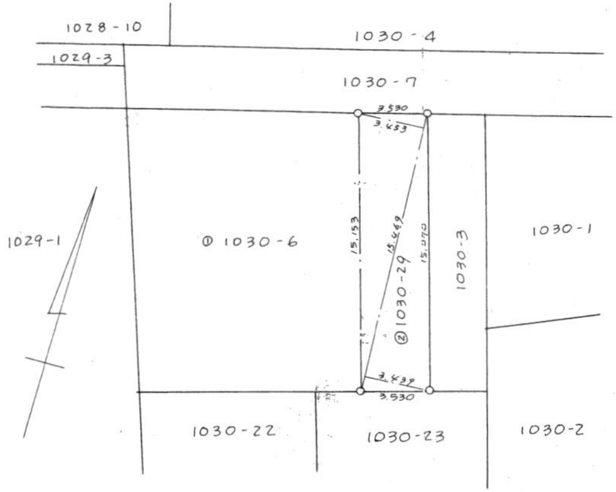

地積計算表

	地番符号	計算式	倍積	二除	地積
②	1030-29	15.469(3.439+3.453)	106.6123	½	53.3061
①	1030-6	273.3200 − 53.3061			220.0139

528274

作製年月日	昭和五拾壱年九月弐拾八日
作製者	土地家屋調査士 [redacted]
申請人	[redacted]

昭和五壱年拾月四日

縮尺	1/200

（東京土地屋家調査士会用紙）

(9) 建物図面

建物図面とは、一棟ないし数棟の建物または区分建物の位置・形状等を示す図面で、建物を新築・増築等した場合には、その登記申請の際に必ず添付しなければならない法定添付書類で、通常は各階平面図とセットで作成されています。

公図や地積測量図もない場合には、土地の形状が把握できるので、こちらを基に土地評価を行うことがあります。

建物図面

家屋番号	[redacted]
建物の所在	[redacted]

建　物　図　面
各　階　平　面　図

各　階　平　面　図

1階

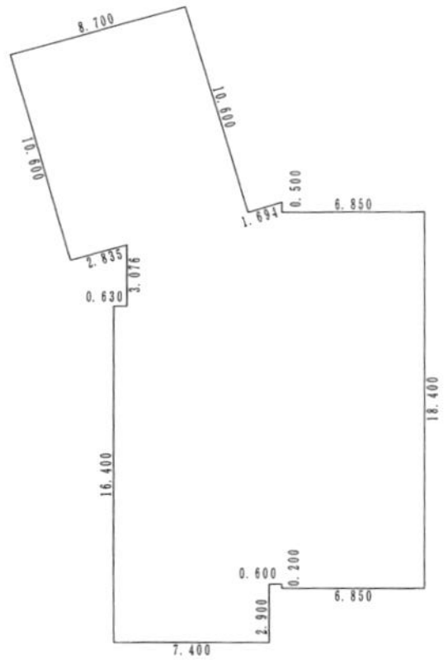

求　積　表

	11.009	×	2.861/2		=	15.7483745
(	9.395	+	10.176	)× 2.786/2	=	27.262403
	10.176	×	2.969/2		=	15.106272
	0.321	×	1.015/2		=	0.1629075
	11.009	×	2.730		=	30.054570
	4.690	×	6.770		=	31.751300
(	18.511	+	18.700	)× 0.600/2	=	11.163300
	18.400	×	6.850		=	126.040000
	16.400	×	7.400		=	121.360000
					合　計	378.6491270
					床面積	378.64㎡

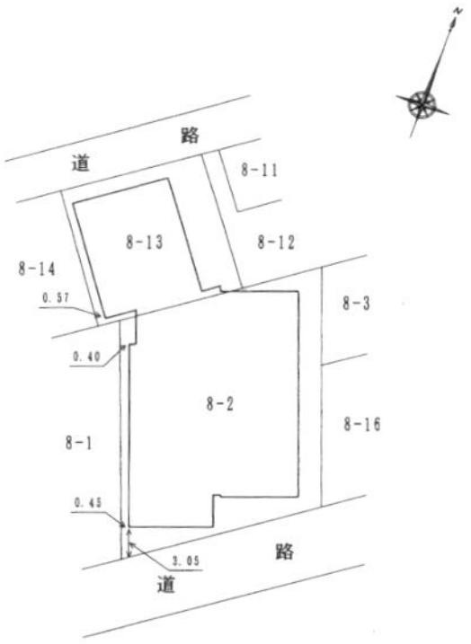

作成者	土地家屋調査士 [redacted] (平成 23 10 14日作成)	縮尺	1/250

申請人	[redacted]	縮尺	1/500

(東京土地家屋調査士会用紙)

(10) googleストリートビュー

道路沿いの風景をパノラマ写真で提供するインターネットサービスで、評価対象地の写真が確認できます。

まずはこれで現況や周囲の状況が確認できますので、机上で利用状況を確認するのに使用します。ただし、撮影時期が古いものもありますので、必ず現地確認が必要です。

(11) 都市計画図

土地評価を行ううえで重要な情報は都市計画図によって確認することができます。

都市計画図は、地方公共団体の都市計画に関する地図で、都市計画道路や用途地域、建ぺい率や容積率などが記載されています。これにより、「都市計画道路予定地の区域内にある宅地」、「容積率が異なる2以上の地域にわたる土地」、「地積規模の大きな宅地」の評価に必要な情報を得ることができます。

都市計画図は、近年はインターネット上で閲覧できるようになっていますので、該当の市区町村のホームページから入手します。

都市計画図

都市計画・景観計画

中心地 ｜ 大田区田園調布３丁目 付近

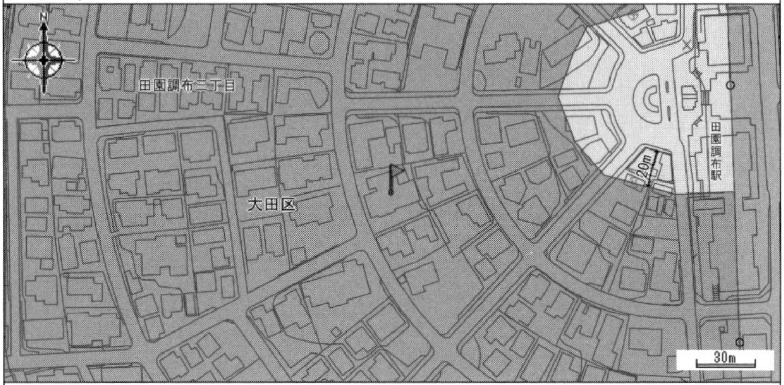

属性

区域区分	市街化区域	**用途地域**	第一種低層住居専用地域(建ぺい率:40% 容積率:80%) 建築物の高さの限度10m
防火・準防火地域	準防火地域	**新たな防火規制<詳細はこちら>**	該当なし
高度地区<詳細はこちら>	第一種高度地区	**日影規制**	■制限を受ける建築物 軒高が7mをこえる建物 地上3階以上の建物 ■日影規制値種別：（一） ■5mを超える範囲における日影時間 3時間以上 ■10mを超える範囲における日影時間 2時間以上 ■測定水平面：1.5m
高度利用地区	該当なし	**特別用途地区**	該当なし
風致地区<詳細はこちら>	多摩川風致地区	**駐車場整備地区**	該当なし
臨港地区	該当なし	**特別緑地保全地区**	該当なし
流通業務地区	該当なし	**生産緑地地区**	該当なし
都市計画施設<告示番号・年月日はこちら>	該当なし	**地区計画<詳細はこちら>**	田園調布地区地区計画
市街地再開発事業	該当なし	**土地区画整理事業**	該当なし
景観計画の区域区分<詳細はこちら>	■市街地類型 住環境保全市街地 ■景観形成重点地区 国分寺崖線景観形成重点地区		

・この都市計画情報は、令和２年１１月現在のものです。
・本図の都市計画情報は、地図上の旗記号の位置の都市計画情報を示します。
・本図は、都市計画その他の内容を証明するものではありません。
・本図は、地図作成上の誤差を含んでいますので、概略の位置を示した参考図としてご利用ください。
・著作権法上認められた行為を除き、本図の全部または一部を複製し、利用することを禁じます。
・本図は、東京都知事の承認を受けて、東京都縮尺2,500分の１地形図を利用して作成したものです。
（承認番号）29都市基交著第135号、29都市基交著第36号

（大田区ホームページ「まちマップおおた」より抜粋）

(12) 道路台帳・道路平面図

建築基準法43条では、都市計画区域内の建築物の敷地は道路に2m以上接することを義務付けています。なお、道路については、建築基準法42条にて定められています。

【建築基準法42条の規定による道路】

〈法42条1項1号道路〉
道路法の道路（国道、都道及び市町村道）で、幅員4m以上のものです。

〈法42条1項2号道路〉
都市計画法、土地区画整理法、旧住宅地造成事業に関する法律などに基づき許認可等を受けて築造した道路で、幅員4m以上のものです。工事完了後に市町村に移管され道路法の道路となる場合が多く、その場合には法42条1項1号の道路にも該当します。

〈法42条1項3号道路〉
基準時（建築基準法が施行された昭和25年11月23日と当該市町村が都市計画区域に指定された時点とのいずれか遅い時点）にすでに幅員4m以上の道として存在し、現在に至っているものです。

〈法42条1項4号道路〉
道路法、都市計画法その他の法律による新設または変更の事業計画のある道路で、事業者の申請に基づき、2年以内にその事業が執行される予定のものとして特定行政庁が指定したものです。

〈法42条1項5号道路〉
いわゆる「位置指定道路」です。土地の所有者が築造する幅員4m以上の道で、申請を受けて、特定行政庁がその位置の指定をしたものです。

〈法42条2項道路〉
基準時（建築基準法が施行された昭和25年11月23日と当該市町村が都市計画区域に指定された時点とのいずれか遅い時点）に存在する幅員4m未満の道で、すでに建築物が建ち並んでおり、その他特定行政庁が定める基準を満たすものです。
この道路に面している敷地は、基準時の道の中心線から水平距離2mの線を道路の境界線とみなします。中心線から水平距離2m未満にがけや河川等が存在する場合は、これらの境界から水平距離4mの線を道路の境界線とみなします。

〈法43条1項ただし書きの適用を受けたことがある道〉
法42条に定める道路に該当しませんが、法43条1項ただし書の適用を受けたことがある建築物の敷地が接する道です。
平成11年12月22日の法改正により、法43条1項ただし書の適用を受ける場合は、特定行政庁の許可が必要になりました。法改正（平成11年12月22日）以前に法43条1項ただし書の適用を受けた道等であっても、道等の状況・建築計画の内容等により許可基準に適合しない場合は許可を受けられない場合があります。

したがって、これらの道路に接道していないと建築物を建てることはできませんから、所有している土地がどの道路に接しているのかを把握する必要があります。

建築基準法上の道路に接していない土地を所有してる場合には、「無道路地」として評価することになります。

また、幅員が4メートル未満である建築基準法42条2項道路に接地している土地については、建築や建替えの際に、道路の中心線から2メートルの位置までセットバックをしなければなりませんので、道路台帳で幅員を確認します。

道路種別図

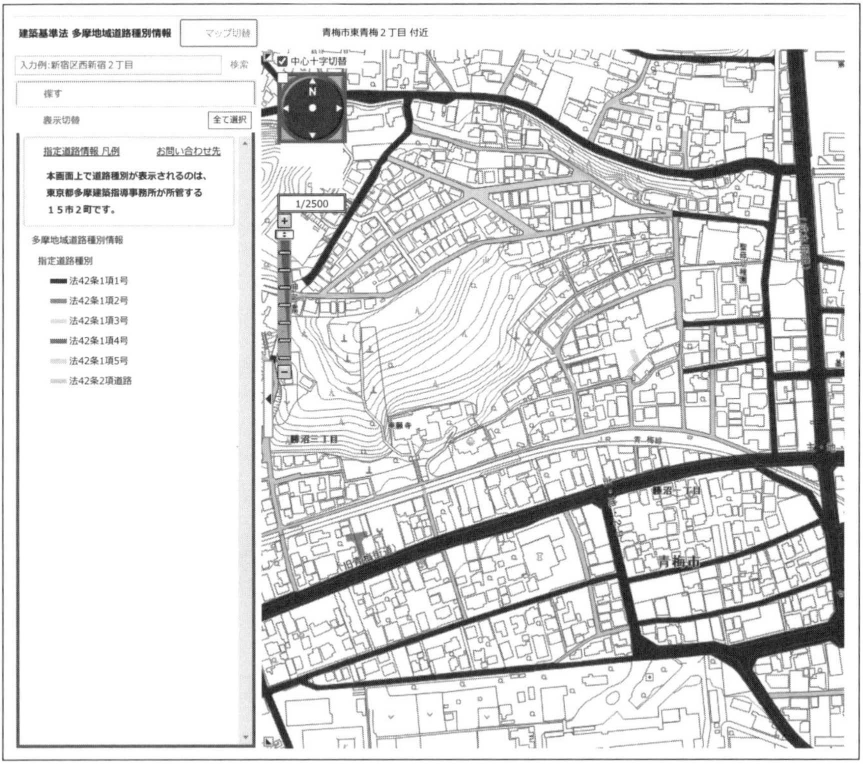

（東京都都市整備局ホームページより抜粋）

道路台帳平面図

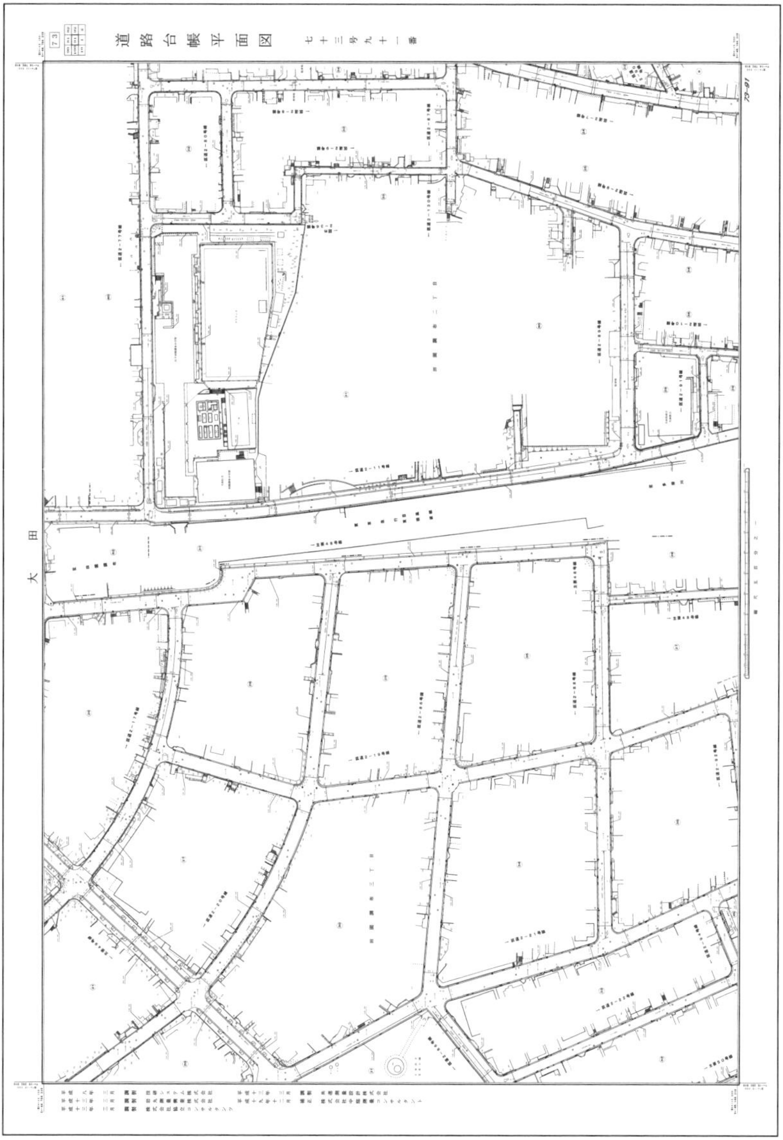

（大田区ホームページ「まちマップおおた」より抜粋）

(13) 建築計画概要書

建築計画概要書は、建築確認申請の際に提出する書類で、建築計画の概略が記載されたものです。この書類には、建築主・設計者・工事施工者等の住所・名前や、敷地の場所、建築物の規模・構造・用途・配置図といった建築計画の概要が記載されています（平面図・立面図・断面図などの詳しい内容は記載されていません）。

この図面によって、セットバックが済んでいるか確認することができます。なお、建物が非常に古い場合、建築確認の事績がないことがあるため、建築計画概要書がないことがあります。その際には、その土地の周辺の建築計画概要書を取得することで情報を入手します。

建築計画概要書は、市区町村の建築指導課から入手します。

建築計画概要書

記入例

第三号様式（第一条の三、第六条の三、第十一条の四関係）（Ａ４）

建築計画概要書（第一面）

建築主等の概要

【1. 建築主】
　【イ. 氏名のフリガナ】キョウト　イチロウ
　【ロ. 氏名】京都　一郎
　【ハ. 郵便番号】○○○-○○○○
　【ニ. 住所】京都市○○区○○町○○番地

【2. 代理者】
　【イ. 資格】　（　一級　）建築士　（　大臣　）登録第　○○○○○○　号
　【ロ. 氏名】○○　二郎
　【ハ. 建築士事務所名】（　一級　）建築士事務所（　京都府　）知事登録第　○○○○○○　号
　○○設計事務所
　【ニ. 郵便番号】○○○-○○○○
　【ホ. 所在地】京都市○○区○○町○○番地○○
　【ヘ. 電話番号】○○○-○○○-○○○○

【3. 設計者】
（代表となる設計者）
　【イ. 資格】　（　一級　）建築士　（　大臣　）登録第　○○○○○○　号
　【ロ. 氏名】○○　三郎
　【ハ. 建築士事務所名】（　一級　）建築士事務所（　京都府　）知事登録第　○○○○○○　号
　○○設計事務所
　【ニ. 郵便番号】○○○-○○○○
　【ホ. 所在地】京都市○○区○○町○○番地○○
　【ヘ. 電話番号】○○○-○○○-○○○○
　【ト. 作成又は確認した設計図書】意匠図・設備図

（その他の設計者）
　【イ. 資格】　（　一級　）建築士　（　大臣　）登録第　○○○○○○　号
　【ロ. 氏名】○○　四郎
　【ハ. 建築士事務所名】（　一級　）建築士事務所（　京都府　）知事登録第　○○○○○○　号
　○○設計事務所
　【ニ. 郵便番号】○○○-○○○○
　【ホ. 所在地】京都市○○区○○町○○番地○○
　【ヘ. 電話番号】○○○-○○○-○○○○
　【ト. 作成又は確認した設計図書】構造図・構造計算書

　【イ. 資格】　（　　）建築士　（　　　）登録第　　　号
　【ロ. 氏名】
　【ハ. 建築士事務所名】（　　）建築士事務所（　　　）知事登録第　　　号

　【ニ. 郵便番号】
　【ホ. 所在地】
　【ヘ. 電話番号】
　【ト. 作成又は確認した設計図書】

　【イ. 資格】　（　　）建築士　（　　　）登録第　　　号
　【ロ. 氏名】
　【ハ. 建築士事務所名】（　　）建築士事務所（　　　）知事登録第　　　号

　【ニ. 郵便番号】
　【ホ. 所在地】
　【ヘ. 電話番号】
　【ト. 作成又は確認した設計図書】

建築計画概要書（第三面）

付近見取図

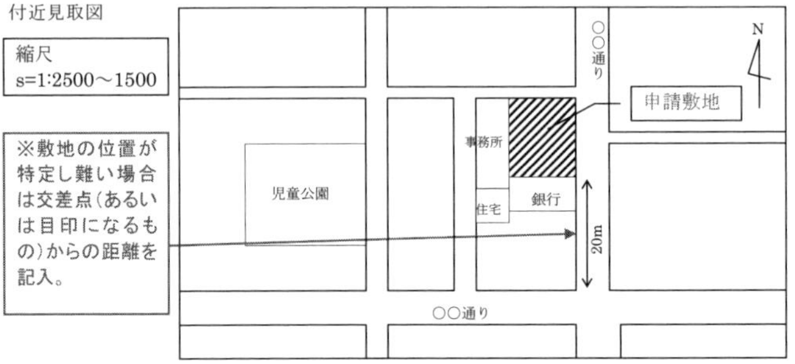

配置図

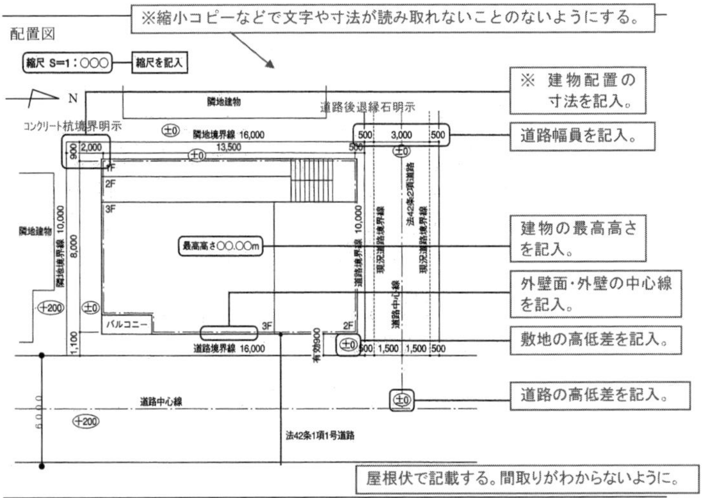

（注意）

1．第一面及び第二面関係

① これらは第二号様式の第二面及び第三面の写しに代えることができます。この場合には、最上段に「建築計画概要書（第一面）」及び「建築計画概要書（第二面）」と明示してください。

② 第一面の５欄及び６欄は、それぞれ工事監理者又は工事施工者が未定のときは、後で定まつてから工事着手前に届け出てください。この場合には、特定行政庁が届出のあつた旨を明示した上で記入します。

2．第三面関係

① 付近見取図には、方位、道路及び目標となる地物を明示してください。

② 配置図には、縮尺、方位、敷地境界線、敷地内における建築物の位置、申請に係る建築物と他の建築物との別並びに敷地の接する道路の位置及び幅員を明示してください。

（京都市ホームページから抜粋）

(14) 土地の評価

ここまで資料が集まったら評価をしていきます。

土地の評価方式には、路線価方式と倍率方式があります。評価対象地が路線価方

路線価図

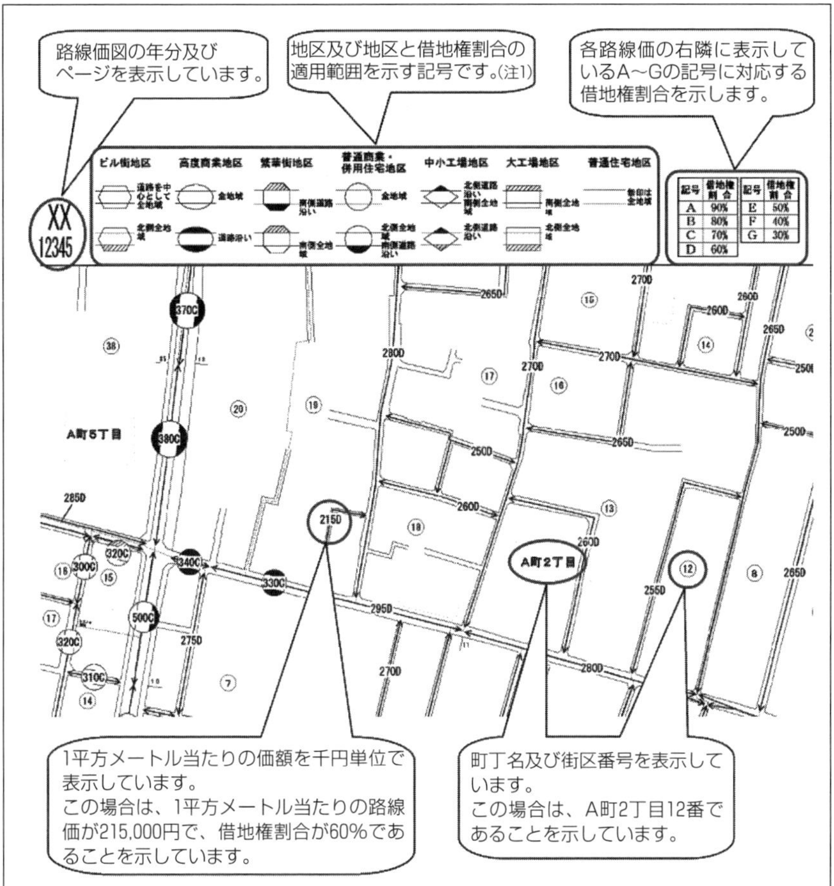

注1：記号の上部又は下部（路線の向きによっては右又は左）が「黒塗り」又は「斜線」で表示されている路線の地区区分は、次のとおりです。

「黒塗り」の場合、その地区区分は「黒塗り」側の路線の道路沿いのみが該当します。
「斜線」の場合、その地区区分は「斜線」側の路線には該当しません。
「黒塗り」又は「斜線」ではない「白抜き」の場合、その地区区分はその路線全域に該当します。

（国税庁ホームページ：路線価図の説明）

式か倍率方式かは、まず路線価が定められている地域かどうかで判定します。この判定は、倍率表により確認していきます。

路線価は毎年変動し、国税庁が毎年７月初旬に「財産評価基準書」で国税庁のホームページで公表しています。

①　路線価方式

路線価方式は、路線価が定められている地域の評価方法です。路線価とは、路線（道路）に面する標準的な宅地の1平方メートル当たりの価額のことで、千円単位で表示しています。

評価倍率表

〔掲載例〕

市区町村名：○○○町　　　　○○○税務署

音順	町（丁目）又は大字名	適用地域名	借地権割合	固定資産税評価額に乗ずる倍率等						
				宅地	田	畑	山林	原野	牧場	池沼
			%	倍	倍	倍	倍	倍	倍	倍
ね	根小屋	上記以外の地域	40	1.1	中　90	中　113	純　48	純　48		
ま	又野	農業振興地域内の農用地区域			純　34	純　54				
		上記以外の地域	40	1.1	純　48	純　67	純　46	純　46		
み	三ケ木	用途地域の指定されている地域	―	路線	周比準	周比準	比準	比準		
		農業振興地域内の農用地区域			純　55	純　79				

〔計算例〕

（宅地の固定資産税評価額）		（倍率）		（評価額）
10,000,000円	×	1.1	＝	11,000,000円

（田の固定資産税評価額）		（倍率）		（評価額）
50,000円	×	48	＝	2,400,000円

※ 固定資産税評価額は、都税事務所や市（区）役所又は町村役場で確認してください。

（国税庁ホームページ：評価倍率表（一般の土地等用）の説明）

路線価方式における土地の価額は、路線価をその土地の形状等に応じた奥行価格補正率などの各種補正率で補正した後に、その土地の面積を乗じて計算します。

② 倍率方式

倍率方式は、路線価が定められていない地域の評価方法です。倍率方式における土地の価額は、その土地の固定資産税評価額（都税事務所、市区役所または町村役場で確認してください）に一定の倍率を乗じて計算します。

(12) 建物の評価

固定資産税評価額に1.0を乗じて計算します。したがって、その評価額は固定資産税評価額と同じです。

7 課税時期前3年以内に取得等をした土地等や家屋等がある場合

課税時期前3年以内に取得した土地、土地の上に存する権利（以下「土地等」といいます）や家屋、その附属設備または構築物（以下「家屋等」といいます）の価額は、課税時期における通常の取引価額（つまり、時価）に相当する金額によって評価するものとし、土地や家屋に係る帳簿価額が課税時期における通常の取引価額に相当すると認められる場合には、当該帳簿価額に相当する金額によって評価することができるものとされています。不動産取引は、通常は第三者と行いますので、その取引価額が時価となります。登記簿謄本から課税時期以前3年以内の取得かどうかを判定し、特殊な事情がなければ帳簿価額で評価することとなります。なお、直前期末以前3年以内ではなく、課税時期以前3年以内の取得となりますので注意が必要です。

相続税評価額は、通常、土地は時価の8割程度、建物は固定資産税評価額で建築費の6割程度になりますが、課税時期前3年以内に取得等をした土地や家屋については時価評価となります。なお、賃貸用不動産の場合には、たとえ3年以内の取得であっても、借家人が、貸家やその敷地に対して有する権利であることから、貸家建付地や貸家の評価減を行うことが可能です。

土地登記簿謄本

様式例・1

表題部（土地の表示）		調製	余白	不動産番号	0000000000000
地図番号	余白	筆界特定	余白		
所在	特別区南都町一丁目			余白	

①地番	②地目	③地積 ㎡	原因及びその日付〔登記の日付〕
101番	宅地	300 00	不詳 〔平成20年10月14日〕
所有者	特別区南都町一丁目1番1号 甲野太郎		

権利部（甲区）（所有権に関する事項）

順位番号	登記の目的	受付年月日・受付番号	権利者その他の事項
1	所有権保存	平成20年10月15日 第637号	所有者 特別区南都町一丁目1番1号 甲野太郎
2	所有権移転	平成20年10月27日 第718号	原因 平成20年10月26日売買 所有者 特別区南都町一丁目5番5号 法務五郎

取得日を確認

権利部（乙区）（所有権以外の権利に関する事項）

順位番号	登記の目的	受付年月日・受付番号	権利者その他の事項
1	抵当権設定	平成20年11月12日 第807号	原因 平成20年11月4日金銭消費貸借同日設定 債権額 金4，000万円 利息 年2・60％（年365日日割計算） 損害金 年14・5％（年365日日割計算） 債務者 特別区南都町一丁目5番5号 法務五郎 抵当権者 特別区北都町三丁目3番3号 株式会社南北銀行 （取扱店 南都支店） 共同担保 目録(あ)第2340号

共同担保目録

記号及び番号	(あ)第2340号	調製	平成20年11月12日

番号	担保の目的である権利の表示	順位番号	予備
1	特別区南都町一丁目 101番の土地	1	余白
2	特別区南都町一丁目 101番地 家屋番号 101番の建物	1	余白

これは登記記録に記録されている事項の全部を証明した書面である。

平成21年3月27日
関東法務局特別出張所　登記官　法務八郎　みほん 電子公印

＊ 下線のあるものは抹消事項であることを示す。　整理番号 D23992 （1／1）　1／1

（法務省ホームページ）

建物登記簿謄本

様式例・2

表　題　部　（主である建物の表示）		調製	余白	不動産番号	０００００００００００００
所在図番号	余白				
所　　在	特別区南都町一丁目　１０１番地			余白	
家屋番号	１０１番			余白	
①　種　類	②　構　造	③　床　面　積　㎡		原因及びその日付〔登記の日付〕	
居宅	木造かわらぶき２階建	１階　８０：００ ２階　７０：００		平成２０年１１月１日新築 〔平成２０年１１月１２日〕	

取得日を確認

表　題　部　（附属建物の表示）				
符　号	①種　類	②　構　造	③　床　面　積　㎡	原因及びその日付〔登記の日付〕
１	物置	木造かわらぶき平家建	３０：００	〔平成２０年１１月１２日〕
所　有　者	特別区南都町一丁目５番５号　法　務　五　郎			

権　利　部（甲区）　（所有権に関する事項）			
順位番号	登　記　の　目　的	受付年月日・受付番号	権　利　者　そ　の　他　の　事　項
１	所有権保存	平成２０年１１月１２日 第８０６号	所有者　特別区南都町一丁目５番５号 法　務　五　郎

見本

権　利　部（乙区）　（所有権以外の権利に関する事項）			
順位番号	登　記　の　目　的	受付年月日・受付番号	権　利　者　そ　の　他　の　事　項
１	抵当権設定	平成２０年１１月１２日 第８０７号	原因　平成２０年１１月４日金銭消費貸借同日設定 債権額　金４，０００万円 利息　年２・６０％（年３６５日日割計算） 損害金　年１４・５％（年３６５日日割計算） 債務者　特別区南都町一丁目５番５号 法　務　五　郎 抵当権者　特別区北都町三丁目３番３号 株　式　会　社　南　北　銀　行 （取扱店　南都支店） 共同担保　目録(あ)第２３４０号

共　同　担　保　目　録			
記号及び番号	(あ)第２３４０号	調製	平成２０年１１月１２日
番　号	担保の目的である権利の表示	順位番号	予　　備
１	特別区南都町一丁目　１０１番の土地	１	余白
２	特別区南都町一丁目　１０１番地　家屋番号　１０１番の建物	１	余白

＊　下線のあるものは抹消事項であることを示す。　　整理番号　Ｄ２３９９０　（　２／２　）　　１／２

（法務省ホームページ）

8　借地権

自社所有の土地の上に建物を建てる場合は、自用地評価となりますが、他人所有の土地を借りてその土地の上に建物を建てている場合には、借地権が発生しますので、「自用地評価額×借地権割合」となります。

土地を借りる場合、通常、第三者との取引では権利金を支払うことが一般的ですが、同族関係者間などでは、権利金を支払うことはほとんどありませんので、その場合には権利金相当額を借地人である法人がもらったものとして、借地人である法人側で借地権の受贈益を認識することとなります。この受贈益課税を避けるためには、借地人である法人はその権利金相当額を考慮した、相当の地代を支払う必要があります。相当の地代は、原則として、「土地の価額×6％」となり非常に高額です。相当の地代方式の場合には、その後の地代の改定方法について地代を改定しない固定方式か3年ごとに地代を見直す改定方式のいずれかを選択する必要があります。

相当の地代は高額になりますので、例えば社長所有の土地に法人が建物を建てる場合など同族間の場合にそのような高額な地代を支払うことはまずありません。

そこで、土地を借りている法人が将来無償でその土地を地主に返すということを税務署に届け出ることにより、借地権の認定課税が行われないとする制度があります。その届け出を「土地の無償返還に関する届出書」といい、地主または借地人に法人がなる場合に適用することができます。

借地権については、このように複雑な論点が多数ありますが、借地権の有無については、まず下記の事項を確認しましょう。

①　貸借対照表で借地権の計上の有無
②　勘定科目内訳明細書で地代の支払いの有無
③　賃貸借契約書で契約内容の確認

次に、その土地に建物が建っているか否かを固定資産台帳や固定資産税評価証明書、登記簿謄本や会社へのヒアリングで確認します。

借地権割合については、97頁の路線価図や98頁の倍率表に記載されています。

土地の無償返還に関する届出書

2通提出（添付書類含む）

土地の無償返還に関する届出書

※整理事項	1 土地所有者 / 2 借地人等	整理簿	
		番　号	
		確　認	

受付印

令和　　年　　月　　日

麹町　国税局長 / (税務署長) 殿

土地所有者 山田太郎 は、借地権の設定等 / (使用貸借契約) により下記の土地を (平成) / 令和 31年 1月 1日から (株)山田商事 に使用させることとしましたが、その契約に基づき将来借地人等から無償で土地の返還を受けることになっていますので、その旨を届け出ます。

なお、下記の土地の所有又は使用に関する権利等に変動が生じた場合には、速やかにその旨を届け出ることとします。

記

土地の表示

所　在　地	東京都○○○○	
地目及び面積	宅地	㎡

	（土地所有者）	（借地人等）
住所又は所在地	〒 東京都○○○○ 電話（　　）　－	〒 東京都○○○○ 電話（　　）　－
氏名又は名称	山田太郎 ㊞	株式会社 山田商事 ㊞
代表者氏名	㊞	山田太郎 ㊞

	（土地所有者が連結申告法人の場合）	（借地人等が連結申告法人の場合）
連結親法人の納税地	〒 電話（　　）　－	〒 電話（　　）　－
連結親法人名等		
連結親法人等の代表者氏名		

借地人等と土地所有者との関係	借地人等又はその連結親法人の所轄税務署又は所轄国税局

01.06 改正

（契約の概要等）

1 契約の種類 使用貸借契約

2 土地の使用目的 本社建築

3 契約期間 平成・令和 31 年 1 月 ～ 令和 50 年 12 月

4 建物等の状況

(1) 種類 事務所

(2) 構造及び用途 鉄筋コンクリート

(3) 建築面積等

5 土地の価額等

(1) 土地の価額 100,000,000 円 （財産評価額 80,000,000 円）

(2) 地代の年額 2,940,000 円

6 特約事項

7 土地の形状及び使用状況等を示す略図

8 添付書類 (1) 契約書の写し (2)

（国税庁ホームページ）

相当の地代の改訂方法に関する届出書

2通提出
（添付書類含む）

相当の地代の改訂方法に関する届出書

※整理事項	1 土地所有者	整理簿	
		番号	
	2 借地人等	確認	

受付印

令和　　年　　月　　日

麹町　国税局長　税務署長　殿

土地所有者　**山田太郎**　は、借地権の設定等により下記の土地を 平成／令和 **31** 年 **1** 月 **1** 日から **(株)山田商事** に使用させることとし、その使用の対価として法人税法施行令第137条に規定する相当の地代を収受することとしましたが、その契約において、その土地を使用させている期間内に収受する地代の額につき法人税基本通達13－1－8（又は連結納税基本通達16－1－8）の (1)により改訂する／(1)によらない こととしましたので、その旨を届け出ます。

なお、下記の土地の所有又は使用に関する権利等に変動が生じた場合には、速やかにその旨を届け出ることとします。

記

土地の表示

所在地　**東京都○○○○**

地目及び面積　**宅地**　　　　㎡

	（土地所有者）	（借地人等）
住所又は所在地	〒 **東京都○○○○** 電話（　　　）　　－	〒 **東京都○○○○** 電話（　　　）　　－
氏名又は名称	**山田太郎**　㊞	**株式会社 山田商事**　㊞
代表者氏名	㊞	**山田太郎**　㊞
	（土地所有者が連結申告法人の場合）	（借地人等が連結申告法人の場合）
連結親法人の納税地	〒 電話（　　　）　　－	〒 電話（　　　）　　－
連結親法人名等		
連結親法人等の代表者氏名		

借地人等と土地所有者との関係	借地人等又はその連結親法人の所轄税務署又は所轄国税局

01.06 改正

（契約の概要等）

1　契約の種類　**賃貸借契約**

2　土地の使用目的　**本社建築**

3　契約期間　（平成）・令和　31　年　1　月　～　令和　50　年　12　月

4　建物等の状況

(1) 種類　**事務所**

(2) 構造及び用途　**鉄筋コンクリート**

(3) 建築面積等

5　土地の価額等

(1) 土地の価額　100,000,000 円　（　　　　）円

(2) 権利金等の額　0 円

(3) 地代の年額　6,000,000 円

6　特約事項

7　土地の形状及び使用状況等を示す略図

8　添付書類　（(1)）　契約書の写し　(2)

（国税庁ホームページ）

9　有価証券

(1) 上場有価証券

上場株式は、その株式が上場されている金融商品取引所が公表する課税時期の最終価格によって評価します。

ただし、課税時期の最終価格が、次の３つの価額のうちもっとも低い価額を超える場合は、そのもっとも低い価額により評価します。

①　課税時期の月の毎日の最終価格の平均額
②　課税時期の月の前月の毎日の最終価格の平均額
③　課税時期の月の前々月の毎日の最終価格の平均額

なお、課税時期に最終価格がない場合やその株式に権利落などがある場合には、一定の修正をすることになっています。

まずは、貸借対照表や勘定科目内訳明細書から有価証券の所有の有無を確認し、取引残高報告書などを取得し、上場している証券取引所の相場表により評価します。

取引残高報告書

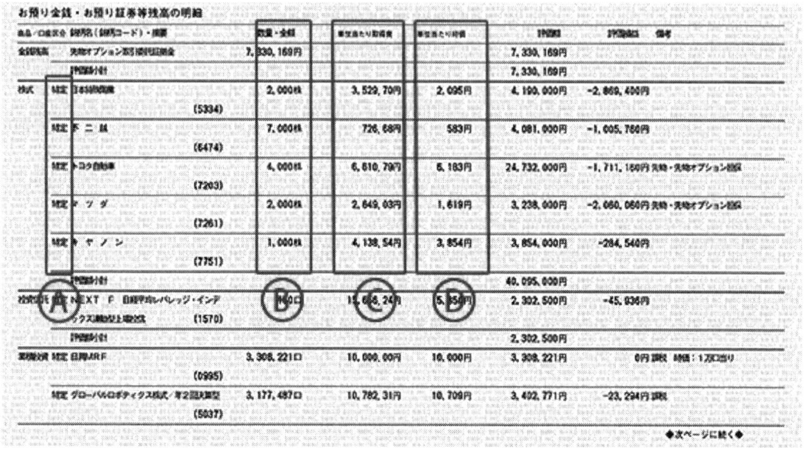

お預り金銭・お預り証券等残高の明細

商品／口座区分	銘柄名（銘柄コード）・摘要	数量・金額	単位当たり取得費	単位当たり時価	評価額	評価損益	備考
金銭残高	先物オプション取引預り証拠金	7,330,169円			7,330,169円		
	評価額小計				7,330,169円		
株式 特定	日本特殊陶業 (5334)	2,000株	3,529,70円	2,095円	4,190,000円	-2,869,400円	
特定	不二越 (6474)	7,000株	726,68円	583円	4,081,000円	-1,005,760円	
特定	トヨタ自動車 (7203)	4,000株	6,610,79円	6,183円	24,732,000円	-1,711,160円	先物・先物オプション担保
特定	マツダ (7261)	2,000株	2,649,03円	1,619円	3,238,000円	-2,060,060円	先物・先物オプション担保
特定	キヤノン (7751)	1,000株	4,138,54円	3,854円	3,854,000円	-284,540円	
	評価額小計				40,095,000円		
投資信託 特定	NEXT F 日経平均レバレッジ・インデックス連動型上場投信 (1570)	[illegible]口	[illegible]円	[illegible]円	2,302,500円	-45,936円	
	評価額小計				2,302,500円		
累積投資 特定	日興MRF (0995)	3,308,221口	10,000,00円	10,000円	3,308,221円	0円	課税 時価：1万口当り
特定	グローバルロボティクス株式／年2回決算型 (5937)	3,177,487口	10,782,31円	10,709円	3,402,771円	-23,294円	課税

◆次ページに続く◆

各項目の見方

A	口座区分	特定口座の場合は「特定」、NISA口座の場合は「NISA」と表示されます。一般口座の場合は、表示されません。
B	数量・金額	外貨の場合3文字英字で表示されます。 ただし、「USD」は「米ドル」、「AUD」は「豪ドル」、「EUR」は「ユーロ」と表示されます。
C	単位当たり取得費	特定口座・NISA口座の場合は、作成基準日の単位当たりの取得費が表示されます。 一般口座の場合は、表示されません。
D	単位当たり時価	作成基準日の終値または気配値が表示されます。 外国債券、外国投資信託評価時に為替レートは、日興基準レートで作成基準日の一番最後に公示されたレートにて計算しております。 • ※評価額について時価が採用できない場合には、備考欄に評価方法を記載しています。 • ※保険・年金商品につきましては、お客様と引受保険会社との契約に基づくものであり、当社でお預りするものではありませんので記載していません。保険会社から送付される資料にてご確認ください。

（SMBC日興證券）

証券取引所の相場表

年月 (Year/Month) :2019/09

株式相場表 (1000 ~ 1999)

Stock Quotations (1000 ~ 1999)

立会日数(Trading Days):19

Page : 1 / 12

市場 区分 Sector	信用 ・ 貸借	売買単位 Trading Unit 株/口 (shs./ units)	始値 (日) Open (Date) 円(¥)	高値 (日) High (Date) 円(¥)	安値 (日) Low (Date) 円(¥)	終値 (日) Close (Date) 円(¥)	終値平均 Average Closing Price 円(¥)	売買高 Trading Volume 株/口 (shs./ units)	売買代金 Trading Value 円(¥)	値付日数 Days Traded
1301 極洋 普通株式 KYOKUYO CO.,LTD.			水産・農林業 Fishery,Agriculture & Forestry							
1	貸借	100	2,861.00 (2)	2,943.00 (17)	2,770.00 (5)	2,778.00 (30)	2,850.63	403,000 (50,300)	1,150,962,894 (143,570,994)	19
1332 日本水産 普通株式 Nippon Suisan Kaisha,Ltd.			水産・農林業 Fishery,Agriculture & Forestry							
1	貸借	100	612.00 (2)	645.00 (13)	596.00 (3)	611.00 (30)	621.53	36,143,600 (5,718,700)	22,495,969,155 (3,553,163,855)	19
1333 マルハニチロ 普通株式 Maruha Nichiro Corporation			水産・農林業 Fishery,Agriculture & Forestry							
1	貸借	100	2,731.00 (2)	2,848.00 (18)	2,665.00 (5)	2,724.00 (30)	2,747.00	5,062,400 (724,200)	13,924,908,698 (1,985,532,698)	19
1352 ホウスイ 普通株式 HOHSUI CORPORATION			卸売業 Wholesale Trade							
1	信用	100	763.00 (2)	840.00 (26)	763.00 (2)	823.00 (30)	806.84	42,000 (3,100)	34,116,300 (2,503,900)	19
1376 カネコ種苗 普通株式 KANEKO SEEDS CO.,LTD.			水産・農林業 Fishery,Agriculture & Forestry							
1	信用	100	1,145.00 (2)	1,323.00 (27)	1,132.00 (2)	1,288.00 (30)	1,218.21	183,000 (19,200)	223,792,697 (23,348,597)	19
1377 サカタのタネ 普通株式 SAKATA SEED CORPORATION			水産・農林業 Fishery,Agriculture & Forestry							
1	貸借	100	3,585.00 (2)	3,840.00 (24)	3,565.00 (3)	3,690.00 (30)	3,731.05	1,840,700 (276,200)	6,870,950,636 (1,033,889,136)	19
1379 ホクト 普通株式 HOKUTO CORPORATION			水産・農林業 Fishery,Agriculture & Forestry							
1	貸借	100	1,897.00 (2)	2,003.00 (26)	1,855.00 (2)	1,984.00 (30)	1,937.05	1,583,100 (176,700)	3,074,068,869 (341,294,769)	19
1380 秋川牧園 普通株式 AKIKAWA FOODS & FARMS CO.,LTD.			水産・農林業 Fishery,Agriculture & Forestry							
JQS	信用	100	781.00 (2)	917.00 (17)	771.00 (5)	813.00 (30)	805.32	169,900 (200)	142,630,400 (161,000)	19
1381 アクシーズ 普通株式 AXYZ CO.,Ltd.			水産・農林業 Fishery,Agriculture & Forestry							
JQS	信用	100	2,211.00 (2)	2,295.00 (18)	2,126.00 (10)	2,277.00 (30)	2,231.05	47,200 (-)	104,671,400 (-)	19
1382 ホーブ 普通株式 HOB Co.,Ltd.			水産・農林業 Fishery,Agriculture & Forestry							
JQS	信用	100	1,153.00 (2)	1,194.00 (2)	980.00 (13)	995.00 (30)	1,047.42	136,500 (1,500)	148,400,880 (1,668,580)	19
1383 ベルグアース 普通株式 Berg Earth co.,ltd.			水産・農林業 Fishery,Agriculture & Forestry							
JQS	信用	100	2,130.00 (2)	2,254.00 (9)	2,116.00 (3)	2,220.00 (30)	2,181.11	31,700 (600)	69,250,190 (1,346,190)	19
1384 ホクリヨウ 普通株式 Hokuryo Co.,Ltd.			水産・農林業 Fishery,Agriculture & Forestry							
1	信用	100	596.00 (2)	695.00 (20)	595.00 (3)	666.00 (30)	628.63	278,800 (9,800)	176,637,187 (6,142,087)	19
1400 ルーデン・ホールディングス 普通 RUDEN HOLDINGS CO.,Ltd.			建設業 Construction							
JQG	信用	100	293.00 (2)	304.00 (4)	272.00 (3)	297.00 (30)	290.37	368,700 (4,800)	106,975,500 (1,393,800)	19
1401 エムビーエス 普通株式 mbs,inc.			建設業 Construction							
Mothers	信用	100	836.00 (2)	850.00 (2)	811.00 (9)	827.00 (30)	831.37	89,400 (1,000)	74,189,623 (833,423)	19
1407 ウエストホールディングス 普通株 West Holdings Corporation			建設業 Construction							
JQS	貸借	100	1,212.00 (2)	1,353.00 (26)	1,166.00 (11)	1,330.00 (30)	1,249.11	2,826,600 (212,900)	3,553,695,016 (270,535,116)	19
1413 ヒノキヤグループ 普通株式 Hinokiya Group Co.,Ltd.			建設業 Construction							
1	信用	100	1,837.00 (2)	1,943.00 (30)	1,791.00 (3)	1,920.00 (30)	1,875.84	364,700 (25,700)	684,898,682 (48,109,082)	19

(JPX)

(2) 非上場株式

評価会社が、子会社などで非上場会社の株式を保有している場合には、評価会社と同様の資料を集収し評価します。

その場合、当該株式の1株当たりの純資産価額（相続税評価額によって計算した金額）は、当該株式の発行会社の課税時期における各資産を相続税評価により評価した金額の合計額から課税時期における各負債の金額の合計額を控除した金額を発行済株式数で除して計算した金額とします。

したがって、この場合における1株当たりの純資産価額（相続税評価額によって計算した金額）の計算に当たっては、評価差額に対する法人税額等に相当する金額を控除できないため注意が必要です。

10 生命保険

(1) 保険事故が発生していない生命保険契約に関する権利

課税時期において保険事故が発生していない生命保険契約に関する権利の価額は、当該契約を解約するとした場合に支払われることとなる解約返戻金の額（解約返戻金のほかに支払われることとなる前納保険料の金額、剰余金の分配額等がある場合には、これらの金額を加算し、解約返戻金の額につき源泉徴収されるべき所得税の額に相当する金額がある場合には当該金額を減算した金額）によって評価することとなります。

したがって、契約している保険会社から課税時期における解約返戻金に関する資料を入手することにより評価します。

保険加入の有無は、貸借対照表や勘定科目内訳明細書で確認しますが、全額損金の保険などの保険契約もありますので、すべての保険契約について解約返戻金の有無を保険会社に確認します。

生命保険契約解約返戻金額確認書

○○○○　　様

令和　3年　3月 12日

○○○○生命保険相互会社

生命保険契約解約返戻金額確認書

日頃は格別のお引き立てをいただき、まことにありがとうございます。
ご契約の解約返戻金額についての明細書をお届けいたします。
今後とも変わらぬご愛顧を賜りますようお願い申しあげます。

記

計算日　令和　2年　9月 30日

お支払項目		差引項目	
解約返戻金	10,000,000　円	ご契約者貸付金元利合計	0　円
配当金	100,000　円	保険料お立替金元利合計	0　円
転換価格残額 保険料充当残額	0　円		
祝金未支払額等	0　円		
保険料精算額	0　円	合計件数	1　件
預かり金	0　円	**差引支払額**	10,100,000　円

明細書枚数　　　　　　　1　枚

ご契約内容（保障内容、保険料払込方法等）に変更があった場合、配当金額がかわることがございます。

〈62209〉

(2) 評価会社が受け取った生命保険金

評価する時期が相続の場合には、会社が受け取る生命保険を考慮する必要があります。

被相続人の死亡を保険事故として、評価会社が受け取った生命保険金は、保険事故の発生によりその請求権が具体的に確定するものですから、生命保険金請求権として資産に計上することになります。この場合、保険積立金など資産に計上されている場合には、その金額をその保険積立金から除外します。

また、その生命保険金を原資として被相続人に係る死亡退職金を支払った場合には、その支払退職金の額を負債に計上するとともに、支払退職金を控除した後の保険差益について課されることとなる法人税額等についても負債に計上します。

11 倒産防止共済

経営セーフティ共済（中小企業倒産防止共済制度）は、取引先事業者が倒産した際に、中小企業が連鎖倒産や経営難に陥ることを防ぐための制度です。

無担保・無保証人で掛金の最高10倍（上限8,000万円）まで借入れでき、掛金は損金に算入でき税制優遇も受けられます。

また、共済契約を解約された場合は、解約手当金を受け取れます。自己都合の解約であっても、掛金を12か月以上納めていれば掛金総額の8割以上が戻り、40か月以上納めていれば、掛金全額が戻ります（12か月未満は掛捨てとなります）。

加入している中小企業も多く、金額損金となるため、貸借対照表に計上されていないことがほとんどです。

したがって、解約返戻金で評価することとなりますので、課税時期における解約返戻金に関する資料を入手することにより評価します。

12 ゴルフ会員権

ゴルフ会員権は取引相場があるかどうかで評価方法が異なります。また、株式の所有を必要とせず、かつ、譲渡できない会員権で、返還を受けることができる預託金等がなく、ゴルフ場施設を利用して、単にプレーができるだけのものについては評価しません。

(1) 取引相場のある会員権

「課税時期の取引価格×70％」にて算出します。

なお、取引価格に含まれない預託金等があるときは、次に掲げる金額との合計額によって評価します。

① 課税時期において直ちに返還を受けることができる預託金等

ゴルフクラブの規約などに基づいて課税時期において返還を受けることができる金額となります。

② 課税時期から一定の期間を経過した後に返還を受けることができる預託金等

ゴルフクラブの規約などに基づいて返還を受けることができる金額の課税時期から返還を受けることができる日までの期間（その期間が１年未満であるときまたはその期間に１年未満の端数があるときは、これを１年とします）に応ずる基準年利率による複利現価の額となります。

(2) 取引相場のない会員権

① 株主でなければゴルフクラブの会員（以下「会員」といいます）となれない会員権

財産評価基本通達の定めにより評価した課税時期における株式の価額に相当する金額によって評価します。

② 株主でありかつ預託金等を預託しなければ会員となれない会員権

その会員権について、株式と預託金等に区分して、それぞれ次に掲げる金額の合計額によって評価します。

まず、株式の価額は、上記 **(2)**①に掲げる方法を適用して計算した金額となります。

そして、預託金等については、上記 **(1)**①または②に掲げる方法を適用して計算した金額となります。

③ 預託金等を預託しなければ会員となれない会員権

上記の **(1)**①または②に掲げる方法を適用して計算した金額によって評価します。

ゴルフ会員権については、その会員権を入手します。インターネットで検索すると多く出てきますので参考にするとよいでしょう。

ゴルフ会員権

東名厚木カントリー倶楽部会員権証書

殿

会員種別　正会員　預託金額　98,400円　据置期限　月　日　No.

貴殿の会員資格並びに預託金額を上記のとおり証します。

1. 預託金は上記の期日まで据置き、無利息無配当とします。
2. 名義書換により会員資格を取得される方の据置期間は、会員資格取得日より15年間とします。
3. 会員は別に定める会則の適用を受けます。
4. 本証書は質入れできません。

発行日　年　月　日

株式会社地

ゴルフ会員権相場表

売り	茨城	買い
450 万円	正会員 年会費 80,000円	375 万円
1 件の売り注文有り	名変料等 名変料 100万	2 件の買い注文有り

450万　　375万

中間値 412.5 万 円

●中間値は、売り希望と買い希望の中値です.

●会員権価格・名変料・年会費は外税です.

実際の会員権価格は取引市場の動向、売り・買い希望者の諸事情、経済状況・交渉等によりゴルフ会員権相場は変動します.

売り	土付き会員	買い
230 万円	平日会員土可 年会費 55,000 円	150 万円
3 件の売り注文有り	名変料等 名変料 60万	3 件の買い注文有り

230万　　150万

中間値 190 万 円

（ゴルフホットライン）

13　営業権

営業権は、貸借対照表に計上されないため、評価対象とならないと考える人が多く、計上漏れが多い項目です。実際に計算してみると、評価額がゼロとなるケースが多いです。

営業権は下記の算式によって評価します。

超過利益金額×営業権の持続年数（原則10年）に応ずる基準年利率による複利年金現価率 （※）超過利益金額＝平均利益金額×0.5－標準企業者報酬額－総資産価額×0.05

なお、医師、弁護士等のようにその者の技術、手腕または才能等を主とする事業に係る営業権で、その事業者の死亡と共に消滅するものは、評価しませんので、医療法人や弁護士法人については評価しません。

(1) 平均利益金額

平均利益金額は、課税時期の直前期末以前３年間における所得の金額の合計額の3分の１に相当する金額（その金額が、課税時期の直前期末以前１年間の所得の金額を超える場合には、課税時期の属する年の前年の所得の金額）となります。この場合における所得の金額は、所得の金額に損金に算入された繰越欠損金の控除額を加算した金額とし、その所得の金額の計算の基礎に次に掲げる金額が含まれているときは、これらの金額は、いずれもなかったものとみなして計算した場合の所得の金額とします。

①　非経常的な損益の額
②　借入金等に対する支払利子の額および社債発行差金の償却費の額
③　損金に算入された役員給与の額

したがって、過去３期分の別表4、損益計算書および役員給与の勘定科目内訳書から確認します。

法人税申告書別表4

別表四（簡易様式）

所得の金額の計算に関する明細書（簡易様式）	事業年度	30・4・1 31・3・31	法人名	株式会社山田商事

平三十・四・一以後終了事業年度分

区分		総額	処分		
			留保	社外流出	
		①	②	③	
当期利益又は当期欠損の額	1	円 25,000,000	円 24,500,000	配当	円 500,000
				その他	
加算　損金経理をした法人税及び地方法人税（附帯税を除く。）	2				
加算　損金経理をした道府県民税及び市町村民税	3				
加算　損金経理をした納税充当金	4				
加算　損金経理をした附帯税(利子税を除く。)、加算金、延滞金(延納分を除く。)及び過怠税	5			その他	
加算　減価償却の償却超過額	6				
加算　役員給与の損金不算入額	7			その他	
加算　交際費等の損金不算入額	8			その他	
加算	9				
加算					
加算					
加算　次葉合計					
加算　小計	11	0	0		0
減算　減価償却超過額の当期認容額	12				
減算　納税充当金から支出した事業税等の金額	13				
減算　受取配当等の益金不算入額（別表八(一)「13」又は「26」）	14	20,000		※	20,000
減算　外国子会社から受ける剰余金の配当等の益金不算入額（別表八(二)「26」）	15			※	
減算　受贈益の益金不算入額	16			※	
減算　適格現物分配に係る益金不算入額	17			※	
減算　法人税等の中間納付額及び過誤納に係る還付金額	18				
減算　所得税額等及び欠損金の繰戻しによる還付金額等	19			※	
減算	20				
減算					
減算					
減算　次葉合計					
減算　小計	21	20,000	0	外※	20,000 0
仮計 (1)＋(11)－(21)	22	24,980,000	24,500,000	外※	△20,000 500,000
関連者等に係る支払利子等の損金不算入額（別表十七(二の二)「25」又は「30」）	23			その他	
超過利子額の損金算入額（別表十七(二の三)「10」）	24	△		※	△
仮計 ((22)から(24)までの計)	25	24,980,000	24,500,000	外※	△20,000 500,000
寄附金の損金不算入額（別表十四(二)「24」又は「40」）	26			その他	
法人税額から控除される所得税額（別表六(一)「6の③」）	29	20,420		その他	20,420
税額控除の対象となる外国法人税の額（別表六(二の二)「7」）	30			その他	
外国関係会社等に係る控除対象所得税額等相当額（別表十七(三の十二)「1」）	31			その他	
合計 (25)＋(26)＋(29)＋(30)＋(31)	34	25,000,420	24,500,000	外※	△20,000 520,420
契約者配当の益金算入額（別表九(一)「13」）	35				
中間申告における繰戻しによる還付に係る災害損失欠損金額の益金算入額	37			※	
非適格合併又は残余財産の全部分配等による移転資産等の譲渡利益額又は譲渡損失額	38			※	
差引計 (34)＋(35)＋(37)＋(38)	39	25,000,420	24,500,000	外※	△20,000 520,420
欠損金又は災害損失金等の当期控除額（別表七(一)「4の計」＋(別表七(二)「9」若しくは「21」又は別表七(三)「10」)）	40	△ 5,000,000		※	△ 5,000,000
総計 (39)＋(40)	41	20,000,420	24,500,000	外※	△5,020,000 520,420
新鉱床探鉱費又は海外新鉱床探鉱費の特別控除額（別表十(三)「43」）	42	△		※	△
残余財産の確定の日の属する事業年度に係る事業税の損金算入額	48	△	△		
所得金額又は欠損金額	49	20,000,420	24,500,000	外※	△5,020,000 520,420

損金不算入の金額がないか確認

御注意

1 沖縄の認定法人の課税の特例、国家戦略特別区域における指定法人の課税の特例、組合事業等に係る損失がある場合の課税の特例、対外船舶運航事業を営む法人の日本船舶による収入金額の課税の特例、特定目的会社等又は特定目的信託に係る課税の特例、農業経営基盤強化準備金の課税の特例、農用地等を取得した場合の課税の特例、関西国際空港用地整備準備金の課税の特例、中部国際空港整備準備金の課税の特例及び再投資等準備金の課税の特例の規定の適用を受ける法人にあっては、別様式による別表四を御使用ください。

2 「49」の「①」欄の金額は、「②」欄の金額に「③」欄の本書の金額を加算し、これから「※」の金額を加減算した額と符合することになりますから留意してください。

簡　法　0301－0402

（国税庁ホームページ）

役員給与等の内訳書

⑭
山田商事
1頁

役員給与等の内訳書

役員給与等の内訳										
役職名	氏名	代表者との関係	常勤・非常勤の別	役員給与計	左の内訳					退職給与
					使用人職務分	使用人職務分以外				
担当業務	住所			円	円	定期同額給与 円	事前確定届出給与 円	業績連動給与 円	その他 円	円
代表取締役	山田　太郎 東京都〇〇〇〇		(常)・非	10,000,000		10,000,000				
			常・非							
			常・非							
			常・非							
			常・非							
			常・非							
			常・非							
			常・非							
			常・非							
			常・非							
計				10,000,000		10,000,000				

人件費の内訳			
区分		総額 円	総額のうち代表者及びその家族分 円
役員給与		10,000,000	10,000,000
従業員	給与手当		
	賃金手当		
計		10,000,000	10,000,000

（注）1.　役員給与等の内訳の記載に当たっては、最上段には代表者分を記入してください（他の役員についての記入順は任意）。
2.　「役員給与計」欄には、役員に対して支給する給与の金額のほか賞与の金額を含み、退職給与の金額を除いた金額を記入してください。
3.　「左の内訳」の「使用人職務分」欄には、使用人兼務役員に支給した使用人職務分給与の金額を記入してください。
4.　「使用人職務分以外」の「定期同額給与」欄には、その支給時期が1月以下の一定期間ごとであり、かつ、当該事業年度の各支給時期における支給額が同額である給与など法人税法第34条第1項第1号に掲げる給与の金額を記入してください。
5.　「使用人職務分以外」の「事前確定届出給与」欄には、その役員の職務につき所定の時期に確定した額の金銭又は確定した数の株式若しくは新株予約権若しくは確定した額の金銭債権に係る法人税法第54条第1項に規定する特定譲渡制限付株式若しくは同法第54条の2第1項に規定する特定新株予約権を交付する旨の定めに基づいて支給する同法第34条第1項第2号に掲げる給与の金額を記入してください。
6.　「使用人職務分以外」の「業績連動給与」欄には、業務を執行する役員に対して支給する法人税法第34条第1項第3号に掲げる給与の金額を記入してください。
7.　「使用人職務分以外」の「その他」欄には、上記4.5.6以外の給与の金額を記入してください。
8.　「従業員」の「給与手当」欄には、事務員の給料・賞与等一般管理費に含まれるものを記入し、「賃金手当」欄には、工員等の賃金等製造原価（又は売上原価）に算入されるものを記入してください。

損益計算書

損　益　計　算　書

自　令和 2年 4月 1日
至　令和 3年 3月31日

株式会社山田商事　　　　　　　　　　　　　　　　　　　　　　　　（単位：　　円）

科　　目	金　　額	
【売上高】		
運　送　売　上　高	100,000,000	
食 料 品 卸 売 上 高	10,000,000	
売　上　高　合　計		110,000,000
売 上 総 利 益 金 額		110,000,000
【販売費及び一般管理費】		
役　員　報　酬	10,000,000	
そ　の　他	74,500,000	
販売費及び一般管理費合計		84,500,000
営 業 利 益 金 額		25,500,000
【営業外費用】		
支　払　利　息	1,000,000	
営 業 外 費 用 合 計		1,000,000
経 常 利 益 金 額		24,500,000
【特別利益】		
固 定 資 産 売 却 益	500,000	
特 別 利 益 合 計		500,000
税引前当期純利益金額		25,000,000
当 期 純 利 益 金 額		25,000,000

(2)　標準企業者報酬額

標準企業者報酬額は、次に掲げる平均利益金額の区分に応じ、次に掲げる算式により計算した金額となります。

平均利益金額の区分	標準企業者報酬額
1億円以下	平均利益金額×0.3＋1,000万円
1億円超、3億円以下	平均利益金額×0.2＋2,000万円
3億円超、5億円以下	平均利益金額×0.1＋5,000万円
5億円超	平均利益金額×0.05＋7,500万円

平均利益金額が1億円以下の場合の標準企業者報酬額は以下の算式となります。

平均利益金額×0.3＋1,000万円

また、平均利益金額が5,000万円以下の場合、次のようになります。

標準企業者報酬額＝5,000万円×0.3＋1,000万円＝2,500万円 超過利益金額＝5,000万円×0.5△2,500万円＝0円

したがって、平均利益金額が5,000万円以下の場合には営業権がゼロとなりますので、営業権の評価は不要となります。

(3) 総資産価額

総資産価額は、課税時期直前に終了した事業年度の末日における企業の総資産の価額となります。

14　負債の計上

純資産価額の負債の部の帳簿価額についても、法人税法上の帳簿価額となりますので、貸借対照表に別表5（1）の調整項目を加減することとなります。

負債については、基本的に相続税評価額と帳簿価額は同額です。

ただし、貸倒引当金、退職給与引当金、納税引当金その他の引当金および準備金に相当する金額は負債に含まれませんが、次に掲げる金額は負債に含まれることになります。

(1) 法人税等

課税時期の属する事業年度に係る法人税額、消費税額、事業税額、道府県民税額および市町村民税額のうち、その事業年度開始の日から課税時期までの期間に対応する金額（課税時期において未払いのものに限る。）

(2) 課税時期以前に賦課期日のあった固定資産税の税額のうち課税時期において未払いの金額

固定資産税の賦課期日は、1月1日ですが、区市町村からは納税通知書が4月頃郵送されてきます。

したがって、3月決算法人などは、3月31日の貸借対照表に計上されていないため計上が可能となります。

(3) 被相続人の死亡により相続人その他の者に支給することが確定した退職手当金・功労金その他これらに準ずる給与の金額

退職給与引当金などの引当金は前述したとおり、負債として計上することはできませんが、退職金は相続税が課税されるため、相続税との二重課税を避けるため、株式の純資産価額を計算するうえで、直前期末において未払いであっても、負債として計上することになっています。

なお、弔慰金については、退職手当金等に該当し、相続税の課税価格に算入されることとなる金額に限り、負債に該当するものとして取り扱われます。

したがって、弔慰金のうち下記の相続税の対象となる金額については、負債として計上することになっています。

また、次に掲げる金額を弔慰金等に相当する金額とし、その金額を超える部分に相当する金額は退職手当金等として相続税の対象となります。

①　被相続人の死亡が業務上の死亡であるとき

被相続人の死亡当時の普通給与の３年分に相当する額。

②　被相続人の死亡が業務上の死亡でないとき

被相続人の死亡当時の普通給与の半年分に相当する額。

普通給与とは、俸給、給料、賃金、扶養手当、勤務地手当、特殊勤務地手当などの合計額をいいます。

第4章

特例的評価方式において必要な資料

同族株主等以外の株主に該当する場合には、会社に対する影響力が弱く配当をもらうことくらいしかその会社の株式を所有している意味がないため、特例的評価方式である配当還元方式により評価することが認められています。

配当還元方式とは、株式を所有することによって受け取った過去2年間の配当金額の平均を、10%の利率で還元して元本である株式の価額を評価する方法です。

$$\text{配当還元価額}=\frac{\text{その株式に係る年配当金額}_{(\text{注})}}{10\%}\times\frac{\text{その株式の1株当たりの資本金等の額}}{50\text{円}}$$

（注）「その株式に係る年配当金額」は次の算式により算定します。

$$\text{その株式に係る年配当金額}=\frac{\text{直前期末以前2年間の年配当金額の合計額}}{2}\div\frac{\text{直前期末の資本金等の額}}{50\text{円}}$$

1株当たりの資本金等の額は、直前期末の法人税申告書別表5（1）の一番右下の部分、「差引翌期首現在資本金等の額④」欄の差引合計額36の金額を、直前期末の発行済株式数（自己株式がある場合には直前期末の自己株式数控除後）で除すことで求めます。

その株式に係る年配当金額は、類似業種比準価額の配当金額と同様に、その会社の剰余金の配当金額（特別配当、記念配当等の名称による配当金額のうち、将来毎期継続することが予想できない金額を除きます）の合計額の2分の1に相当する金額を、直前期末における発行済株式数（1株当たりの資本金等の額が50円以外の金額である場合には、直前期末における資本金等の額を50円で除して計算した数によるものとします）で除して計算した金額とします。

また、その金額が2.5円未満の場合には、2.5円となります。

直前期末以前2年間の配当金額は、2年分の株主資本等変動計算書から確認します。

なお、特別配当や記念配当は注記から確認することができます。

【例】

① 直前期末の資本金等の額：10,000,000 円
② 直前期末の発行済株式数： 20,000 株（自己株式控除後）
③ 1株当たりの資本金等の額： 500 円（①÷②）
④ 直前期の配当金額：1,000,000 円－500,000 円＝500,000 円
⑤ 直前々期の配当金額： 0 円

その株式に係る年配当金額

$$\frac{500{,}000\text{円}+0\text{円}}{2} \div \frac{10{,}000{,}000\text{円}}{50\text{円}} = 1.25\text{円} < 2.5\text{円}$$

$$\therefore 2.5\text{円}$$

$$\text{配当還元価額} = \frac{2.5\text{円}}{10\%} \times \frac{500\text{円}}{50\text{円}} = 250\text{円}$$

法人税申告書別表5（1）

Ⅱ　資本金等の額の計算に関する明細書

区分		期首現在資本金等の額	当期の増減		差引翌期首現在資本金等の額 ①－②＋③
			減	増	
		①	②	③	④
資本金又は出資金	32	11,000,000 円	円	円	11,000,000 円
資本準備金	33				
自己株式	34	△1,000,000			△1,000,000
	35				
差引合計額	36	10,000,000			10,000,000

株主資本等変動計算書

株主資本等変動計算書

自　平成31年4月1日　至　令和2年3月31日

	株主資本					純資産合計
	資本金	その他利益剰余金	利益剰余金合計	自己株式	株主資本合計	
		繰越利益剰余金				
当期首残高	11,000,000	105,000,000	105,000,000	△ 1,000,000	115,000,000	115,000,000
当期変動額						
当期純利益金額		5,000,000	5,000,000		5,000,000	5,000,000
当期変動額合計	0	5,000,000	5,000,000	0	5,000,000	5,000,000
当期末残高	11,000,000	110,000,000	110,000,000	△ 1,000,000	120,000,000	120,000,000

株主資本等変動計算書

自　令和2年4月1日　至　令和3年3月31日

	株主資本					純資産合計
	資本金	その他利益剰余金	利益剰余金合計	自己株式	株主資本合計	
		繰越利益剰余金				
当期首残高	11,000,000	110,000,000	110,000,000	△ 1,000,000	120,000,000	120,000,000
当期変動額						
剰余金の配当		△ 1,000,000	△ 1,000,000		△ 1,000,000	△ 1,000,000
当期純利益金額		6,000,000	6,000,000		6,000,000	6,000,000
当期変動額合計	0	5,000,000	5,000,000	0	5,000,000	5,000,000
当期末残高	11,000,000	115,000,000	115,000,000	△ 1,000,000	125,000,000	125,000,000

株主資本等変動計算書に関する注記

当該事業年度中に行った剰余金の配当に関する事項

令和2年5月25日の定時株主総会において、次のとおり決議しました。

配当金の総額　1,000,000円

1株当たり配当額　　5円

配当原資　　　利益剰余金

基準日　　　令和2年3月31日

効力発生日　令和2年5月25日

1株当たり配当額には記念配当2.5円を含んでおります。

※発行済株式数（自己株式を除く）は200,000株

重要資料索引

【著者略歴】

木村　英幸（きむら　ひでゆき）

税理士法人レディング　代表社員
税理士　行政書士

1981年茨城県生まれ。明治学院大学経済学部経済学科卒業後、複数の税理士事務所、税理士法人おおたかでの勤務を経て、2017年に個人事務所を開業。2021年に税理士法人レディングと経営統合して同法人の代表社員就任。

相続・事業承継対策、相続税申告、組織再編、税理士からの相談対応など資産税コンサルティング業務を行っている。また、事業承継に関連したセミナー講師を多数行っている。

税理士法人レディング

税理士法人レディングでは、事業承継・M&A・相続に特化したサービスを提供している。

税理士からも頼られるプロ中のプロとして、次世代が経営に専念できる状態での事業承継をサポートしている。また顧問税理士と連携しながら、資産税におけるセカンドオピニオンも数多くの実績がある。

事務所は名古屋、東京、つくばの計3拠点で活動中である。

「私たちはサービス業」

すでにあるご縁を大切にし、まだ見ぬ出会いを楽しみにしております。

著者との契約により検印省略

令和 3 年 9 月10日　初 版 発 行
令和 4 年 8 月10日　初版 2 刷発行

はじめて株式評価を行う
税理士のための
非上場株式の評価に係る
資料の収集と分析

著　　者　木　村　英　幸
発 行 者　大　坪　克　行
印 刷 所　美研プリンティング株式会社
製 本 所　牧製本印刷株式会社

発 行 所　〒161-0033　東京都新宿区
下落合2丁目5番13号
株式会社　**税務経理協会**
振替　00190-2-187408
FAX（03）3565-3391
電話（03）3953-3301（編集部）
（03）3953-3325（営業部）
URL　http://www.zeikei.co.jp/
乱丁・落丁の場合は，お取替えいたします。

ISBN978－4－419－06699－4　C3032